本书受国家自然科学基金项目（71503079）
湖南省自然科学基金项目（2018JJ3361）资助

媒体与资产价格的实证研究

甘顺利／著

MEITI YU ZICHAN JIAGE DE
SHIZHENG YANJIU

湖南师范大学商学院经济管理理论丛

中国财经出版传媒集团
经济科学出版社
Economic Science Press

图书在版编目（CIP）数据

媒体与资产价格的实证研究/甘顺利著.
—北京：经济科学出版社，2018.1
（湖南师范大学商学院经济管理论丛）
ISBN 978-7-5141-9007-6

Ⅰ.①媒… Ⅱ.①甘… Ⅲ.①传播媒介-影响-金融市场-研究-中国 Ⅳ.①F832.5②G219.2

中国版本图书馆 CIP 数据核字（2018）第 016040 号

责任编辑：王东岗
责任校对：郑淑艳
责任印制：邱 天

媒体与资产价格的实证研究
甘顺利 著
经济科学出版社出版、发行 新华书店经销
社址：北京市海淀区阜成路甲 28 号 邮编：100142
总编部电话：010-88191217 发行部电话：010-88191522
网址：www.esp.com.cn
电子邮件：esp@esp.com.cn
天猫网店：经济科学出版社旗舰店
网址：http://jjkxcbs.tmall.com
北京财经印刷厂印装
880×1230 32 开 5.375 印张 200000 字
2018 年 3 月第 1 版 2018 年 3 月第 1 次印刷
ISBN 978-7-5141-9007-6 定价：30.00 元
（图书出现印装问题，本社负责调换。电话：010-88191510）
（版权所有 侵权必究 举报电话：010-88191586
电子邮箱：dbts@esp.com.cn）

总　　序

　　湖南师范大学经济与管理学科源远流长。1938年设立的公民训育学系就已经开设经济学、中国经济组织、国际政治经济、近代外国经济史四门课程。新中国成立后，学校先后于1953年和1960年成立了政治经济学教研组与教研室。1992年，著名经济学家、中国消费经济学的主要创始人之一尹世杰教授调入湖南师范大学工作，我校经济管理学科步入快速发展时期，他亲自创办的《消费经济》杂志也落户我校。1997年，我校成立经济与管理学院，2003年经济与管理学院更名为商学院。

　　目前，我院已开设经济学、金融学、国际经济与贸易、市场营销、人力资源管理、工商管理、会计学等本科专业，拥有应用经济学、理论经济学和工商管理三个一级学科硕士点，拥有产业经济学、政治经济学、西方经济学、区域经济学、人口资源与环境经济学、企业管理、会计学、教育经济与管理等多个二级学科硕士点，金融学（MF）、工商管理（MBA）2个硕士专业学位类别，具有理论经济学（一级学科）和统计学（一级学科）博士学位授予权。目前，学院已经形成了学士、硕士、博士三级人才培养体系。改革开放以来，我校先后培养了包括陈东琪、魏后凯、杨开忠、梁琦、谭跃进、马超群等一大批活跃在经济与管理学界的著名中青年学者。

　　所谓大学乃大师之谓也。我院秉承"人才兴院"理念，建设高水平的教学团队，涌现了以尹世杰教授为代表的学术大师；我院秉承"学术至上"的理念，在消费经济、大国经济等领域做出了开创性的成就，建立了学术话语权。"十二五"以来，学院教师先后成功申报国家社会科学基金重大项目、国家社会科学基金项目、国家自然科学基金项目等国家级课题40余项，在SSCI源刊、SCI源刊、《经济研究》《经济学季刊》《管理科学学报》《管理世界》等国内外权威和重要学术期刊发表论文数十篇。

  在经济科学出版社的大力支持下，《湖南师范大学商学院经济管理论丛》已陆续与广大读者见面，希望社会各界不吝赐教。

湖南师范大学商学院院长李军
2018年2月

前　　言

　　作为现代金融学的基础框架，有效市场理论认为信息及时并且充分地反映在了资产价格之中，换句话说，通过观察资产价格就可以推知一个公司或者整体市场的相关信息甚至是预期的相关信息。然而，20世纪80年代以来，金融学者挖掘出了越来越多与有效市场理论相悖的证据，统称为"市场异象"。最近几年，许多金融学者开始关注另一类"市场异象"，这就是媒体对资产价格的影响。在现实的金融市场中，媒体通过传递信息或者作为"第四权利"的外部监督权对整个金融市场都有着极其重要的影响。因此，研究媒体对资产价格的影响，这无论是在金融理论上，还是在投资实践上都具有非常重要的意义。

　　从2011年9月，我进入中国人民大学财政金融学院攻读博士研究生，在导师汪昌云教授的指点下，选择媒体与金融作为我的主要研究方向，而媒体对资产价格的影响成为我关注的重点。2014年7月，我来到湖南师范大学商学院任教，继续从事媒体与金融方向的研究。本书就是在已有研究的基础上，通过借鉴现有的研究方法，系统地考察了媒体对资产价格的影响。我们首先对媒体从关注度和情绪两个角度进行量化，为我们的实证分析奠定了坚实的基础。在此基础上，我们考察了媒体关注度对股票收益的影响，进一步从媒体报道的内容出发，考察了媒体情绪对股票收益的影响。我们的研究表明，无论是媒体关注度还是媒体情绪均对股票收益产生显著的影响。

在本书的写作过程中，我受教于很多老师、同行和学生的讨论及建议，同时得益于家人的理解和帮助，深表感谢。在此，特别需要感谢我的指导老师汪昌云教授，没有他的指点和帮助，这本书是不可能完成的。我要感谢曾帮助过我的张顺明、郑志刚、王善平、刘子兰、李军和李红权等教授，谭雪、戴家武、唐玲和郑辛迎等博士，孙艳梅、张宇飞、武佳薇和钟腾等同门师兄师姐师弟师妹。正是与你们的交流，解答了我的疑惑，才促使本书最终得以完成。同时感谢经济科学出版社王东岗编辑在本书出版过程中的辛勤付出。

最后，我想感谢我的家人。感谢我的妻子为整个家庭的辛苦付出。感谢女儿，她的到来和成长给我们全家带来了极大的欢愉。感谢我的父亲母亲和岳父岳母这么多年对家庭的悉心照料，使我和我的妻子可以放手忙各自的工作。最后感谢我的家人对我的理解和支持。

甘顺利

2018 年 2 月

于湖南师范大学商学院

目 录

第1章 导论 ·· 1
  1.1 研究背景和研究意义 ···························· 1
  1.2 研究思路、方法与本书的结构安排 ················ 6
  1.3 本书的创新及不足之处 ·························· 11

第2章 媒体与资产价格的研究综述 ···················· 14
  2.1 引言 ·· 14
  2.2 媒体为什么重要 ······························ 15
  2.3 媒体对资产定价影响的传导机制 ················ 16
  2.4 媒体偏见与市场效率 ·························· 30
  2.5 本章小结 ···································· 32

第3章 中国财经媒体与资本市场 ······················ 34
  3.1 引言 ·· 34
  3.2 中国财经媒体的发展历程 ······················ 35
  3.3 媒体与投资者利益 ···························· 38
  3.4 财经媒体对中国资本市场的影响 ················ 40
  3.5 本章小结 ···································· 42

第4章 媒体关注度和媒体情绪的测度方法 …… 44
- 4.1 引言 …… 44
- 4.2 文献回顾 …… 45
- 4.3 媒体关注度的测度 …… 48
- 4.4 媒体情绪的测度 …… 49
- 4.5 媒体情绪与股票指数收益率 …… 56
- 4.6 本章小结 …… 58

第5章 媒体关注度与个股横截面收益的实证研究 …… 60
- 5.1 引言 …… 60
- 5.2 文献回顾 …… 62
- 5.3 制度背景和研究假设 …… 65
- 5.4 媒体关注度的度量和描述性统计分析 …… 69
- 5.5 实证分析 …… 73
- 5.6 本章小结 …… 89

第6章 媒体情绪、股票市场收益率与成交量的实证研究 …… 91
- 6.1 引言 …… 91
- 6.2 文献回顾 …… 93
- 6.3 中国的制度背景和研究假设 …… 96
- 6.4 研究设计 …… 99
- 6.5 实证结果与分析 …… 103
- 6.6 稳健性检验 …… 112
- 6.7 本章小结 …… 112

第7章 媒体情绪与个股横截面收益的实证研究 …… 115
- 7.1 引言 …… 115
- 7.2 文献回顾 …… 116

7.3 制度背景和研究假设 …………………………………… 118
7.4 样本数据选择和研究方法 ……………………………… 121
7.5 实证结果与分析 ………………………………………… 123
7.6 媒体情绪对个股收益的预测能力分析 ………………… 141
7.7 本章小结 ………………………………………………… 145

第8章 结论与研究展望 …………………………………… 146
8.1 本书的主要结论 ………………………………………… 146
8.2 不足和研究展望 ………………………………………… 148

参考文献 …………………………………………………… 151

第1章

导 论

1.1 研究背景和研究意义

1.1.1 研究背景

近年来,伴随着资本市场和媒体的蓬勃发展,媒体,尤其是财经媒体在资本市场之中起着日益重要的作用,引起了学术界和业界的极大关注,并在这方面做出了一些开创性的研究工作。从学术界来看,例如,方和佩雷斯(Fang and Peress, 2007)研究了媒体关注度对股票市场收益率的影响;泰洛克(Tetlock, 2007)则研究了媒体语气[①](媒体情绪)对股票市场的影响。从业界来看,比如,招商证券和长江证券都在开始研究运用媒体构建交易策略,以期望获得超额收益。

媒体在对金融资产收益率的影响方面起着不可替代的作用。在资本市场中,财经媒体利用其专业和信息搜索的相对优势,为资本

---

① 在没有特别说明的情况下,本书中媒体语气等同于媒体情绪。

市场的投资者提供各种所需要的信息,以满足其受众者的信息需求。此外,财经媒体并非仅仅简单地传递信息,他们还通过专业的记者或者聘请相关专家对涉及资本市场或上市公司的新闻进行解读和深度剖析,并以廉价的方式提供给投资者,这就降低了投资者对信息获取的相对门槛,提高了资本市场的信息流通度,使得相关信息能够更加及时并且准确地反映在资产价格之中。财经媒体报道相关新闻的一个重大动机在于吸引读者,以获取更多的经济收益。因此,他们不仅对于利好新闻大肆报道(例如近期的上海自贸区相关的新闻信息),而且对于与资本市场或上市公司相关的丑闻也会进行报道(早在 2001 年 8 月,《财经》杂志发表《银广夏陷阱》一文,揭露深交所上市公司银广夏 1999 年、2000 年度业绩绝大部分来自造假;近期的 2012 年 11 月 19 日,21 世纪网发布记者李耳的调查报道《致命危机:酒鬼酒塑化剂超标 260%》,文章一发布就立刻震惊了酒鬼酒公司和股市。这一消息立即导致酒鬼酒公司在当日 9 点 27 分申请停牌,酒类指数当天收盘时下跌 4.58%,市值蒸发约 327.79 亿元。酒鬼酒公司于 11 月 23 日复牌当日至 28 日,连续四个交易日跌停(10%),最终从 11 月 16 日收盘价 47.58 元跌至 12 月 3 日收盘价 27.32 元,随后反弹至 32 元左右)。总之,财经媒体不仅是各种财经信息的传递者,而且是各种资本市场及上市公司丑闻的揭露者,对于金融资产的价格有着极其重要的作用,引起了学术界和业界的极大关注。

  国内外关于媒体对资本市场的影响主要是沿着两条主线而开展研究的。一条主线是媒体与资产价格;另一条则是媒体与公司治理。本书主要是沿着媒体与资产价格这条主线进行研究。国内外现有关于媒体与资产价格的研究文献,主要是从媒体关注度和媒体情绪的视角对股票收益的影响进行研究(Fang and Peress, 2009; Tetlock, 2007; 饶育蕾等, 2010; 游家兴和吴静, 2012)。现有研究一般是通过实证研究的方法,研究媒体关注度或者媒体情绪对整个股票市场收益率或者个股收益率的影响程度、方向等,为投资者获取超额收益提供了一定的指导意义。虽然现有的实证研究取得了一些的共识，但是在许多方面然含糊不清，存有分歧和争议，有待进一步深入研究。具体来说，现有研究的分歧表现如下：有些学者通过研究发现媒体影响预期收益（Fang and Peress, 2009; Kothari, Li and Short, 2009），股票交易量（Barber and Odean, 2008; Engelberg and Parsons, 2011），股票收益动能或反转（Chan, 2003; Vega, 2006; Tetlock, 2010, 2011）。然而另一些研究却认为媒体对股票定价和交易没有影响（Cutler, Poterba and Summers, 1989; Mitchell and Mulherin, 1994; Berry and Howe, 1994; Fair, 2002; Griffin, Hirschey and Kelly, 2010）。还有的研究文献认为媒体提供错误消息给投资者和造成了错误定价（Moss, 2004; Chen, Pantzalis and Park; 2009）。

此外，现有研究对象更多的是欧美等发达国家的资本市场。在这些国家之中，具有两个显著的特征，即媒体市场化和公司的私有制。这就忽略了发展中国家行政力量对媒体的干预，以及过高比重的国有企业制度。这些制度背景的差异就可能导致在发达国家中媒体对资本市场的影响可能与发展中国家并不相同，因此相关结论也就并不适用于发展中国家的资本市场，比如，中国。中国的媒体和资本市场具有显著的两大特征，即行政力量干预媒体和过高比重的国有企业制度。例如，中国证券监督管理委员会指定的"七报一刊"[①]，均具有国有性质，并且上市公司的各种公告等一手信息必须经"七报一刊"发布。此外，即使带有市场化色彩的财经媒体也必须经主管部门批准才能发布相关信息。这些特征就决定了中国媒体的非市场化。另外，中国上市公司存有较高比重的国有企业。例如，截至2013年12月，中国沪深A股一共2487家上市公司，其中地方国有企业和中央国有企业一共982家，占整个上市公司的

---

① 七报一刊是指《上海证券报》《中国证券报》《证券时报》《金融时报》《经济日报》《中国日报》《中国改革报》《证券市场周刊》。

39.49%，并且国有企业市值占总市值的60.32%[①]。现有研究较少地考虑到了这些制度背景的差异。

综上所述，由于现有研究结论的争议和分歧，以及现有研究基本没有考虑到中国媒体和上市公司的制度背景差异，从而使得现有研究并不完全。本书正是基于以上考虑开展媒体对中国股票市场收益影响的研究。

1.1.2 研究意义

作为现代金融学的基础框架，有效市场理论的基础是信息及时并且完全反应在资产价格之中，换言之，通过观察现行资产价格就可以推测一个公司或整体市场的相关信息甚至知悉现在市场预期到将来发生的事件。然而，20世纪80年代以来，金融学者发掘出越来越多与有效市场假说相悖的实证证据，称为"市场异象"。例如，席勒（Shiller，1981）发现"过度波动性"；卡特斯（Cutler，1989）等证实的媒体信息在资产价格中"反映不完全"；伯纳德（Bernard，1990）等证实的盈余公告的"漂移现象"；杰加迪什（Jedgadeesh，1993）等的"价格动能"等。最近几年，金融学者开始关注另一类"市场异象"，这就是媒体与资产价格的关系。媒体日益成为现代社会不可或缺的组成部分，对资产价格影响重大。媒体与资产价格的关系研究涉及金融学理论的核心内容。国外学者主要从两个角度研究媒体与资产价格的关系。一是媒体关注度与资产价格之间的关系（Fang et al.，2007）。二是媒体语气和股票市场收益行为之间的关系（Tetlock，2007，2008；Loughran等2011）。就国内学者研究情况而言，大多数研究集中于媒体关注度与资产价格关系的研究，并且现有研究具有一定的缺陷和

---

① 数据来源于中国证券登记结算有限责任公司发布的《中国结算统计月报》，2013年12月发布。

一些未解决的问题（饶玉蕾等，2010；张雅慧等，2011）。至于媒体语气与股票收益行为的研究，或许是由于定量测度媒体语气的困难，国内目前还没有这方面相关的研究文献。媒体与资产价格的研究是一个崭新的研究领域，大量的相关研究尚在进行之中，我们可以预期，在未来几年甚至更长的时间内，媒体与资产价格的研究文献将会大量涌现。

在现代社会，经济主体在作出经济决策时依赖未来不确定的经济变量的预期，而预期依赖于其所得的信息。基于所得信息为基础的预期在资产定价的过程中极其重要。人们借助包括报纸、电视、广播和网络等在内的大众媒体获得他们所需要的信息。大众媒体成为人们日常生活中不可分割的一部分。然而，对于在现代社会起着收集信息并将其传播给社会公众的中介作用的大众媒体在资产定价中的角色和作用的系统认识则是最近的事。一些文献表明，媒体在资产定价中起着重要的作用。由于大众媒体的存在，一方面社会公众的信息收集成本大为降低，另一方面则使得信息的可信度显著增强。媒体的这些功能对于资产定价起着"非凡"的作用。

本书拟就中国主要财经媒体与资产价格之间的关系进行研究。一方面，中国的媒体有着通常的收集和传播信息的功能，另一方面，中国的媒体报道更多地带着"非市场化"的色彩。此外，中国的资本市场还存在着较高的国有企业比重。在这种情况下，媒体与资产价格之间的关系在普遍性中必然有着一定的特殊性。这些重要的特征对于思考媒体的经济角色和作用，研究媒体与资产价格的关系有着重要的意义。

因此，本书的研究不仅可以丰富现有的学术研究文献，而且对于进一步思考媒体的经济角色和如何构建良性的金融信息环境也有着重要的意义。这就为金融理论的实践提供了科学的依据，有利于改善金融市场的运行效率，提高社会福利。

1.2 研究思路、方法与本书的结构安排

1.2.1 研究思路

本书研究将依据两方面的逻辑思路展开。一是媒体关注度与股票收益之间的关系。主要考察媒体关注度与上市公司股票收益率之间的关系，拓展现有文献的研究。二是研究媒体语气对股票收益率的影响。从媒体报道的内容出发，在已有研究基础上形成一个测算媒体语气的"正、负面词汇表"。我们以此词汇表为基础，测算出媒体报道的语气，从而研究媒体语气对资产价格的影响。此外，我们还可以在以后的研究中将此研究拓展到研究网络、微博等新兴媒体对资产价格的影响。具体而言，将考察以下问题：

1.2.1.1 媒体关注度与资产价格

根据上述思路，我们首先考察上市公司在主要财经新闻媒体的报道次数，在此基础上构建一个媒体关注度指数，然后研究媒体关注度与资产价格的关系，检验媒体关注度"负溢价"在中国市场是否成立以及如何对此进行解释。我们将着重关注 2002 年以后的情况，基本原因在于：一是媒体数据的完整性，我们可以获得 2002 以来主要财经媒体的报道数据；二是中国股票市场在 2002 年以来具有足够的广度和深度，我们拥有足够的交易数据。

1.2.1.2 媒体语气与股票收益行为

直观上不难理解，不仅新闻报刊有关公司的报道数量对市场及投资者行为产生影响，而且其报道使用的语言也可能传递某种信息。相对于模棱两可的语气，媒体报道中采用极其负面的语气至少说明记者或编辑对该信息内容的准确性有十足的把握。语言分析在心理学、语言学、社会学、政治学等领域的学术研究中早有应用。

第1章 导　　论

尽管人们自觉不自觉地感受到媒体使用的语气体现了信息，但规范地研究媒体语气如何对金融市场活动产生影响的历史甚短。我们分两步考察媒体语气对股票收益行为的影响：

第一，测算媒体语气。如何用定量方法度量媒体语气，是本书研究的一大难点，也是本书的一大贡献。我们在已有文献研究的基础上，结合中国媒体报道内容的实际状况，形成了一个测算媒体语气的"正、负面词汇表"，利用该词汇表的词汇，我们构建一个测算的模型，以此测算媒体报道内容的语气，判断出媒体报道是偏乐观还是偏悲观。

第二，研究媒体语气与股票收益行为的关系。这项研究在国内几乎还是空白，学术界几乎没有相应的研究和讨论。本书将根据计算的媒体语气指标考察对股票收益的影响。具体来说，一是我们将考察媒体语气与市场指数收益之间的关系；二是研究公司媒体新闻语气与公司股票横截面收益的关系。

本书的具体研究方案路线如图1-1所示。

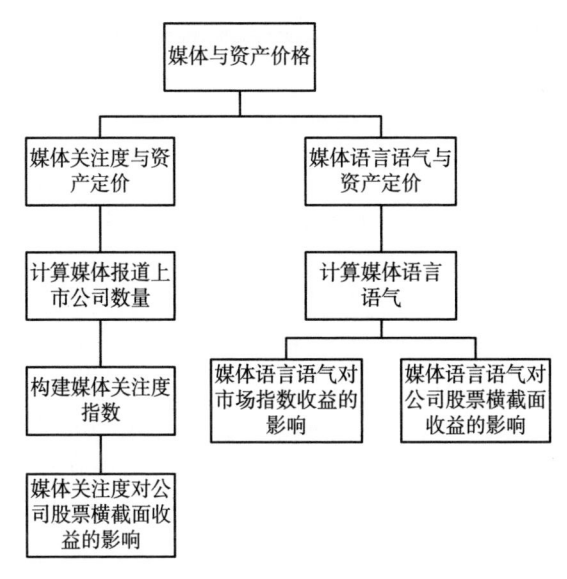

图1-1　研究方案路线

1.2.2 研究方法

本书侧重运用横截面和时间序列计量经济学方法对媒体在资产定价中的作用和影响进行实证分析和检验。运用横截面计量经济学主要考察媒体关注度与股票收益之间的关系、媒体语言语气与股票收益之间的关系。运用时间序列计量经济学方法则主要研究媒体情绪指标与股票市场收益率之间的关系。

本书使用的数据主要来源于巨灵财经新闻数据库、锐思数据库、国泰金融经济数据库以及作者本人所在学院建立的相关数据库。我们主要使用月度数据进行实证检验媒体对股票市场收益率的影响。

现代金融经济学的研究方法主要依赖于经验方法,但这并不意味着本论文对金融经济学理论的善意忽视。在利用实证方法考察媒体对资产定价的影响时,本书将对各个问题进行理论的回顾和分析,使计量和实证具有坚实的理论基础。

1.2.3 本书的结构安排

就本书的媒体对资产价格的实证分析研究而言,共分为8章,具体的结构安排如下:

第1章为导论。本章首先对选题的背景、研究的意义进行了说明,然后阐述了本书的研究思路和研究方法,最后指出本书的主要创新之处和不足之处。

第2章对国内外有关媒体与资产价格的现有研究文献进行了回顾和简要地评论。在这一章中,我们首先指出媒体在影响资产价格中的重要性,然后分别从经典金融学和行为金融学的视角出发,分类整理了现有研究文献。此外,还对媒体偏见进行了回顾。最后,进行了总结和研究展望。

第1章 导 论

第3章概述了中国的财经媒体和资本市场的基本情况。在本章中，我们首先以一个简单的模型分析了媒体对投资者利益和资本市场的重要影响，然后指出中国财经媒体的发展历程，接着以举例的形式直观地分析了财经媒体对中国资本市场的影响，最后对本章做了一个小结。

第4章对媒体关注度和媒体语气的测度进行了详细阐述。本章是本书研究的核心基础内容。本书首先对媒体报道的测度和媒体语气的测度的现有研究文献进行了简要回顾，接着对媒体关注度和媒体语气的研究思路和测度方法进行详细的阐述，最后是本章的小结。

第5章是媒体关注度与股票收益的实证研究。在本章中我们运用第四章的媒体关注度的测算方法，以"七报一刊"或者中国所有16份主要财经媒体为基础，计算了2002年1月至2011年12月中国A股上市公司的媒体关注度，在此基础上考察了媒体关注度对股票收益的影响，在控制了一系列影响股票收益的变量之后，发现媒体关注度对于当期收益或者是下期收益都具有显著的影响，进一步我们对媒体关注度影响股票收益的机制进行检验。本章的主要研究结论如下：一是媒体关注度影响股票收益，媒体关注度越高，当期收益越高，下期收益越低，在经风险调整之后，研究结论也并没有改变。二是进一步研究发现媒体关注度影响股票收益的机制在于吸引了投资者的注意力。我们的研究与以往研究不一致的地方在于，一是我们不仅考察了媒体关注度对下期收益的影响，我们还考察了媒体关注度对当期收益的影响；二是以往的研究认为媒体影响股票收益的机制在于投资者认知假说或者意见分歧假说，本书的研究表明在中国市场中，媒体关注度影响股票收益的机制在于投资者有限关注。最后是本章的小结。

第6章考察了媒体情绪对股票市场收益率和成交量影响的实证分析。在本章，我们以本书第4章阐述的媒体情绪的测算研究方法，运用2007年8月至2013年5月的新浪财经对股票市场的评论

· 9 ·

性文章考察了媒体情绪和股票市场行为之间的关系。本书首次发现，通过对新浪财经评论性文章的分析构建的媒体情绪指数可以预测股票市场指数收益率和交易量。研究发现：一是媒体情绪指数（悲观媒体情绪指数）对股票市场指数收益率和交易量都具有显著的影响，第 t 日媒体悲观情绪（综合媒体悲观情绪）1 个标准差的变化会带来第 $t+1$ 日市场指数收益率水平变化 -9.36%（-8.74%）。二是第 t 日媒体悲观情绪（综合媒体悲观情绪）1 个标准差的变化会带来第 $t+1$ 日成交量水平变化 -4.81%（-4.21%）。此外，本书还进一步检验了媒体情绪只是投资者情绪的代理指标，而非信息。最后是本章的小结。

第 7 章是媒体情绪与个股收益的实证研究。在本章，我们运用第 4 章提出的测算媒体情绪的方法实证分析了媒体情绪对个股收益的影响。我们的研究发现，媒体情绪对个股收益的当期和下期均具有显著的影响，在控制一系列变量之后，结论也基本没有改变。本章的主要研究发现：一是首次系统地考察了媒体情绪对个股收益的影响，发现乐观媒体情绪或者悲观媒体情绪均对股票收益的当期或下期具有显著的影响，并且出现了部分反转。二是我们还进一步考察了不同性质的企业的媒体情绪影响程度并不一致，乐观媒体情绪对国有性质的企业影响要小于乐观媒体情绪对非国有性质企业的影响，悲观媒体情绪的影响而言则是相反的结论。三是我们还进一步研究了在不同市态下，媒体情绪影响股票收益的差异。我们的研究发现，在牛市中，乐观媒体情绪的影响要大于乐观媒体情绪对熊市的影响，而悲观媒体情绪的影响则相反。最后是本书的结论。

第 8 章是本书的研究结论和研究展望。在本章，我们主要论述了本书的研究内容和进一步研究的方向。在本书中，我们系统地进行了媒体对股票收益的影响的实证分析。我们研究发现媒体关注度、媒体情绪均对股票收益均具有显著的影响。尽管我们尽可能考虑所有的相关问题，但是由于本人的知识、能力以及相关数据的限制，有些问题暂时还不能得到很好的解决，在未来的研究中，还有必要对这些遗留的问题进行更深入的研究。

1.3 本书的创新及不足之处

本书的主要创新及贡献有两点：一是创立了一套适用于中国金融市场的正、负面词汇库，为进一步研究媒体语气对资产价格的影响奠定了基础；二是本书首次系统地研究了媒体对资产价格的影响。此外，建立了中国财经媒体的相关数据库，包括媒体关注度数据和媒体情绪数据。

首先，创立了一套适用于中国金融市场的正负面词汇库。现有的国内外研究度量媒体情绪的方法主要有两种：第一种方法是人工阅读法，对媒体报道的正负面进行打分，从而度量上市公司的正负面情绪。由于这种方法费时费力，成本较高，并不适用于大量数据的研究，再就是会产生是否可重复性的问题。因此，现有研究开始运用计算机分词，然后再计算正负面词汇比例来构建媒体情绪，这就是度量媒体情绪的第二种方法。我们采取本书第3章说明的正负面词汇的研究思路，最终形成的正负面词汇包括3680个正面词汇和5930个负面词汇，运用该正负面词汇，我们构建了上市公司的正负面媒体情绪。这就为本书的实证研究奠定了坚实的数据基础。

其次，我们运用所建立的财经媒体和上市公司进行关联从而构成了一个新的数据库，利用该数据库首次系统地分析了媒体关注度和媒体情绪对股票市场收益率的影响。我们的研究发现，无论是媒体关注度还是媒体情绪对整体的股票市场收益率和个股的收益率都具有非常显著的影响。具体来说，我们的研究考察了媒体关注度对个股收益的影响、媒体情绪对整体股票市场收益率的影响和媒体情绪对个股收益的影响。并且由于中国媒体市场和资本市场的特殊性，我们的研究得到了一些有趣的结论。

此外，构建了关于中国 A 股的财经媒体相关数据库。由于在实证研究过程中，国内外并没有与此相关的完整数据库，因此，为了完成本书的实证研究，作者依托所在学院购买的巨灵财经媒体数据库，初步建立了 A 股上市公司的相关媒体数据。巨灵财经数据库包括中国从 2002 年以来的所有财经媒体报道的数据，我们在此基础上，利用计算机搜索抽取和计算机自然语言处理的方法，构建了上市公司的媒体报道和媒体情绪数据库。

本书的绝大多数内容，在国内研究都还尚处于探索阶段，正因为如此，再加上笔者在知识、能力和数据等条件的限制，文章还存有一些不足之处，这也正是以后的研究中需要进一步深度挖掘的，以便于我们更好地认识财经媒体对资本市场的影响。具体地来说，本书的不足之处主要有以下几点：

第一，数据的限制，本书的实证研究还不够完善。财经媒体主要三大块，即财经纸质媒体（包括各种财经报刊和财经杂志）、财经网络媒体（包括各大提供财经新闻的网络，例如新浪财经、财经网、手机移动终端微博、微信等）和财经电视节目（例如中央电视2 台的财经节目）。这些财经媒体都对资本市场具有重大的影响，但是由于财经电视节目的数据很难获得，因此本书就只分析了财经纸质媒体和财经网络媒体对中国股票市场收益率的影响。即便如此，我们的财经纸质媒体和财经网络媒体的数据也缺少了部分，我们尽可能地搜集了财经纸质媒体和财经网络媒体的新闻报道，以此为基础进行本书的实证分析。在以后的研究中，如果我们能够获得更加详细的财经新闻报道，我们就可以修正模型，进一步提高模型的解释力和预测力。

第二，对于媒体情绪的测度可能存在误差。由于我们首次尝试运用计算机自然语言处理的方法对媒体情绪进行测度，因此我们在测度媒体情绪时可能存在误差，这在以后的研究中需要进一步精确。其次，我们构建媒体情绪并没有考虑词频加权的问题，在后续研究中，我们需要进一步构建加权的媒体情绪，以使得能够更好地对媒体情绪进行测度，这就能够更好地研究媒体语言语气、报道的色彩对资本市场的影响。

第三，应进一步拓展现有研究。最近几年，新兴媒体大量出现，例如微博、微信等。在这种的自媒体时代，人人都可以成为"媒体人"，再加之手机等便携式移动终端的随身携带和网络化，财经新闻信息的传播速度越来越快，瞬间就可以反映到市场中去，因此我们有必要在这方面进一步通过网络数据的抓取，系统地研究这些"新兴财经自媒体"对资本市场的影响。由于这方面数据的网络抓取以及这些媒体现时间较为短暂，目前还很难运用这些数据进行系统地研究，在以后的研究中希望能够在这方面又进一步的突破。

总之，本书的研究首次系统地考察了财经媒体对股票收益率的影响。我们的研究表明财经媒体对资本市场具有极其重要的作用，我们应该高度重视财经媒体的作用。

第 2 章

媒体与资产价格的研究综述

2.1 引言

　　媒体已日益成为当今整个社会不可或缺的一部分,对整个经济金融系统产生着重要的影响。专业的媒体记者把采访、调查和分析所得的已有信息、一手的"内幕信息"或金融市场未来可能的变化等信息通过网络或者纸质媒体传递给投资者,投资者依据接收到的信息,并对此进行处理,做出决策,改变其投资行为,从而影响金融市场表现。随着媒体影响力的日益提高和金融市场的发展,媒体对金融市场产生着越来越重要的影响。最近几年,媒体与金融之间关系的研究已经逐渐引起了国内外研究者的广泛兴趣。他们的研究主要集中在两个方面:一方面是媒体对资产价格的影响,这主要是通过考察媒体关注度和媒体语言语气来研究媒体与金融资产价格的关系;另一方面是媒体的公司治理角色。

2.2 媒体为什么重要

作为现代金融学基础框架，有效市场理论的基本含义就在于资产价格能及时和充分反映与该资产价格相关的信息。该理论已经得到了广泛的经验研究证据的支持。自 20 世纪 80 年代以来，金融学者发现了越来越多的与有效市场理论相悖的经验研究证据，统称为"市场异象"。最近几年，金融学者开始关注媒体与金融资产价格这一特别的市场异象。事实上，大量的现象表明媒体与金融资产价格相关。比如，2012 年 11 月 19 日，21 世纪网发布记者李耳的调查报道《致命危机：酒鬼酒塑化剂超标260%》，文章一发布就立刻震惊了酒鬼酒公司和股市。这一消息立即导致酒鬼酒公司在当日 9 点 27 分申请停牌，酒类指数当天收盘时下跌 4.58%，市值蒸发约 327.79 亿元。酒鬼酒公司于 11 月 23 日复牌当日至 28 日，连续四个交易日跌停（10%），最终从 11 月 16 日收盘价 47.58 元跌至 12 月 3 日收盘价 27.32 元，随后反弹至 32 元左右。由此，我们提出一个疑问，为什么媒体对金融资产价格有着如此显著的影响？

金融资产是一种未定权益合约，其收益只能在未来得以实现并且有着不确定性，因此，投资者做出的投资决策很大程度是建立在人们对未来收益的预期之上的。预期与金融资产的信息密切相关，可以说信息决定投资者行为，从而决定金融资产价格。因此，信息在金融领域就显得极其重要。正如默顿（Merton，1987）指出信息在所有的金融领域都是如此的重要，在金融市场就更是如此。张新和朱武祥（2008）也概括金融资产的特殊性质和指出信息在决定金融资产价格中的核心作用。

既然信息如此重要，那么，信息来自何处？张新和朱武祥

(2008)把金融市场中的信息分为三类：第一类是公司根据监管信息披露的信息，如按规定公布的财务信息等；第二类是公司自愿公布的信息，如管理层预测、电话会议记录等；第三类是信息中介机构所披露的信息，如媒体报道的财经新闻等。无疑，媒体为投资者提供了一个极其重要的信息来源，因为无论哪一类信息都必须通过媒体得以传播和公开。比如，中国证监会规定在中国上市的公司信息必须在"七报一刊"和五个媒体网站公布。也正如罗伯特·希勒在《非理性繁荣》中指出的一样，"金融市场很自然地吸引了新闻媒体，因为至少股市可以以每日价格变化形式持续提供新闻"。金融资产每天价格的变化，极大地吸引了媒体的注意力和报道，他们通过专业的记者把调查、采访等信息以电子媒体或者纸质媒体的形式传递给投资者。因此，媒体在整个信息的披露和传播过程中非常重要。投资者通过媒体接收到信息并据此做出投资行为，从而影响资产价格的表现。因此，媒体在资产定价的过程中起着极其重要的作用。事实上，已有大量的实证证据表明媒体对资产价格起着非常重要的作用（Fang and Peress, 2009; Tetlock, 2007; Tetlock et al., 2008; Loughran and McDonald, 2011）。

基于上述，我们更应该遵循信息——媒体处理和传播——投资者行为——资产价格的研究路径，而不是本源信息——资产价格的路径。媒体是金融市场上处理信息和传递信息的重要中介，投资者通过媒体接受信息、处理信息，做出决策，从而最终影响金融市场表现。因此，媒体在对资产价格的影响非常重要。鉴于中国金融市场不完善和不成熟的特征，我们可以预测媒体对资产价格的影响更为重要。

2.3
媒体对资产定价影响的传导机制

我们在前文指出媒体在金融资产定价中的重要作用。那么，媒体对资产价格的影响渠道或机制是什么？媒体是如何影响投资者行为，从而影响资产价格的呢？杨继东（2007）总结性概括了媒体对投资者行为影响。他指出，一方面，媒体报道增加了投资者信息和认知；另一方面，媒体报道引起了投资者关注度或情绪。无论哪一方面，媒体都对投资者的决策起着非常重要的作用，从而影响资产价格。我们以此为基础，从经典金融学和行为金融学两个传导机制对现有研究文献进行回顾，并且梳理和回顾了相关的经验研究文献。

2.3.1 媒体影响资产价格的经典金融学渠道

没有人否认信息影响资产价格。有效市场假说认为，信息一旦公开，就会立刻并且完全地反映到股票价格中去。因此，如果说媒体影响资产价格，那么一定是包含了投资者未预期到的、新的实质信息。

传统金融学假设投资者理性，能够及时并且充分地对信息作出反映。因此，如果说媒体影响资产价格，那么媒体一定是传递了新的实质信息。默顿（1987）从信息不完全角度出发，提出了"投资者认知假说"，[①] 该假说认为投资者认知影响股票价格。具体来讲，随着投资者认知的增加，会导致股票当期收益上升和远期收益下降。以此理论为基础，许多学者从经验研究的角度证实了该假说。方和佩雷斯（Fang and Peress, 2009）是第一篇系统性研究媒体关注度与股票截面收益的文献。他们首先以纽约时报（NYT）、今日美国（USAT）、华尔街日报（WSJ）和华盛顿邮报（WP）四

---

① 投资者认知假说（Merton, 1987）假设一，对某一只股票了解的投资者人数作为投资者认知水平；假设二，投资者在成千上万只股票中只会购买自己了解的股票；假设三，每一个投资者都只知道部分股票，并且各投资者所知道的部分股票是不相同的。从这几个关键假设出发，证明了投资者认知影响股票收益。

份在美国具有影响力日报中有关纽交所和纳斯达克（NASDAQ）交易的上市公司报道的次数，按照报纸发行量和关键词匹配度加权，计算出月度公司媒体关注度。然后，作者按照通常现代金融学研究方法即法马-弗兰奇（Fama-French，1992，1993）的方法分析在控制其他已经确定的影响股票截面收益的变量基础上媒体关注度是否影响股票收益。方和佩雷斯（2009）发现显著的零关注度溢价（no media coverage premiun），即在考虑到相关资产定价因素后没有媒体关注的股票月均收益高出频繁受到媒体关注公司0.2%。而且，这种零关注度溢价在小公司股票、散户投资者主导的股票、缺少分析师跟踪的股票，以及特质波动性高的股票中更高。作者将这些实证证据归因于媒体关注提高了信息传播的宽度，做强了投资者对相应公司的认可度（recognition），从而与默顿（1987）的"投资者认可度效应"一致。默顿（1987）指出，由于市场具有信息不完全性，投资者也不可能同时关注成千上万种股票，即投资者关注度在不同股票中存在认知差异。认知度较差的股票要吸引投资者持有必须提供较高的溢价。

此外，戴克和津加莱斯（Dyck and Zingales，2003）实证研究发现，在有限套利市场中，信息影响了知情交易者的数量，从而影响资产价格。格鲁利翁（Grullon，2004）等巧妙地使用广告支出作为公司知名度的指标，研究发现广告支出对于所有权结构和股票流动性具有显著的影响。这是因为，广告支出增加会导致投资者的数量增加。凯默内尔和严（Chemmanyr and Yan，2010）利用企业广告支出变化量作为媒体关注度代理变量检验了该理论，研究结论与投资者认知假说一致。然而，也有学者认为投资者认知不能解释资产的媒体关注度负溢价。比如奥泽克和塞卡（Ozik and Sadka，2010）利用谷歌新闻和基金收益数据检验了投资者认知假说，证据表明基金媒体关注负溢价与信息成本假说一致而非投资者认知假说。研究媒体影响资产价格的另外一个重要分支就是米勒（Miller，1977）从异质性预期出发提出的"意见分歧说"，该假说认为股票市场价格反映最乐观投资者的观念，分歧度越大，风险越高，预期收益越低。史蒂芬和费迪南德（Stephen and Ferdinand，2011）利用中国的数据证实了该假说，即媒体关注度影响预期收益的机理就在于投资者的意见分歧。研究表明媒体关注度越高，买卖差价和分析师分歧越大，从而与投资者意见分歧假说一致。

因此，无论是理论分析，还是经验研究都证实了媒体确实传递了未反映到资产价格中的新信息。虽然对于媒体影响资产价格背后的机制还存有争议，但是传统金融学依然能对此给出较为信服的解释，即价格反应信息，有新的信息，就会有价格变化。对于这样的金融现象似乎算不上市场"异象"。但是，最近几年，金融学者从一个新的角度研究媒体和资产价格，即媒体好像并没有传递新的实质信息，但是影响资产价格。传统金融学显然对此"无能为力"。对这样的市场"异象"就是下文我们即将分析的媒体影响资产价格的行为金融渠道。

2.3.2　媒体影响资产价格的行为金融学渠道

媒体除了传递了新的信息，它还传递了资产的"关注度"和整个市场以及单项资产的"情绪"给投资者。在投资者非理性和认知局限的情况下，这样的"关注度"和"情绪"是否影响投资者行为，从而影响资产价格呢？按照传统金融学的理论，答案显然是否定。但是最近几年，金融学者发现媒体关注度和情绪影响资产价格。这正是行为金融理论为解释媒体影响资产价格的机制提供了一个新的视角。行为金融学认为，投资者是非理性的，即使投资者是理性的，其理性也是受约束的，或者是有限理性的（Barberis and Thaler，2003）。根据行为金融理论，媒体影响资产价格，不在于媒体传递了新的信息，而在于媒体在报道新闻的时候引起了投资者的注意和情绪，投资者会受到这样的注意力和情绪的影响，从而改变其投资行为，最终影响资产价格。下文，我们就从媒体关注度和媒体情绪影响资产价格的两个渠道分别进行论述。

第一，媒体关注度影响资产价格渠道。"有限注意"是认知心理学上的一个概念。卡内曼（Kahneman，1973）指出注意力是一种稀缺的认知资源，人的注意力是有限的，因此人们对一事物的注意必然以牺牲对另一事物的注意为代价。由于人的注意力是有限的，那些显著的刺激和信息通常更能引起人们的关注（Fiske and Taylor，1991）。罗莎和杜兰德（Rosa and Durand，2008）通过实验证实了，人们更倾向于利用那些引起他们注意的信息，而忽略掉有用但不显著的信息，从而导致决策偏差。在金融投资市场上，同样存在着"有限注意"。一个能够显著引起投资者注意的事件就是媒体的新闻报道。正如奥戴恩（Odean，1999）指出的一样，投资者面临认知约束，从而只投资能引起自己注意力的资产。关于有限理性对资产价格和投资者的行为，已有许多文献从理论上给出了证明（Hirshleifer and Teoh，2003；Hirshleifer et al.，2004；Peng and Xiong，2006；DellaVigna and Pollet，2007）。他们的研究表明，投资者有限关注影响资产价格、收益波动性和信息反映。许多学者使用媒体关注度作为投资者关注的代理变量，研究其对资产价格的影响。

金融学者们从媒体关注度对股票市场、基金市场表现进行了研究，得出了一些非常有意义的研究结论。比如，胡伯曼和雷格夫（Huberman and Regev，2002）对于 EMND 的案例研究发现同一项研究突破在《自然》杂志报道之后只有小幅上涨，而几个月后《纽约时报》的重新报道则使得股价在上周五收市仅为 12.063 美元的基础上，在下周一收市时上涨至 52 美元。这是由于《纽约时报》相对于《自然》而言，其报道更多地吸引了人们的注意力。费尔（Fehle，2005）等利用广告作为投资者关注度的代理指标，研究表明其对股票收益具有显著影响。巴伯和奥戴恩（Baber and Odean，2008）研究媒体关注对个人投资者和机构投资者的影响，研究结论表明，媒体关注度对资产价格具有显著影响，并且进一步考察了个体投资者的买卖行为以及个体投资者和机构投资者的差异。袁（Yuan，2011）认为，投资者注意是一种稀缺资源，在决策中起着非常重要的作用，利用新闻报刊头版新闻不仅研究了关注对个体和机构投资者行为的影响，而且进一步研究了市场总的交易模式，关注度影响总的价格水平。泰洛克（Tetlock，2010）利用公司新闻研究其对股票收益的影响，发现媒体公开新闻报道使得部分不知情投资者转换为知情投资者起着极其重要的作用，从而影响投资者行为，进一步影响资产收益。并且在考虑交易量的影响前提下，进一步将研究从陈（Chen，2003）的日效应反转拓展到周收益反转和月度收益反转层面。泰洛克（2011）进一步考察了有限理性的投资者不能区分金融市场上的新的新闻信息和陈旧新闻信息情况下，投资者对陈旧新闻信息作出反映，相对陈旧信息越多则周收益反转程度越大，这说明投资者对信息过度反映，从而证明了媒体关注度对资产价格的影响。

  另外一些学者则从媒体关注度对基金表现的影响的角度进行实证研究。这样的研究更加具有意义，因为从经典金融学来看，基金经理更不应该依赖于媒体关注度进行交易，从而对基金表现具有显著的影响。然而克里巴诺夫（Klibanoff，1998）等、卡尼尔（Kaniel，2005）等和方等（2009）的研究一致表明媒体关注度对基金表现具有显著的影响。因此，从总体上而言，媒体关注度影响资产价格，但是媒体关注度的类别①对资产价格的影响一致吗？戈阿（Gaa，2008）给出了答案，他在研究媒体关注度影响资产价格的基础上，指出不仅公司的好新闻和坏新闻会影响媒体的关注度（坏新闻更能引起媒体关注），而且进一步研究表明对同样高低的关注度而言，市场对坏新闻的反应要强于对好新闻的反应。

  国内学者也在这方面做出了一些非常有意义研究。他们的研究都一致表明媒体关注度对资产价格具有重要的影响。比如，饶育蕾

---

① 媒体关注度类别，指财经媒体对公司新闻有好新闻和坏新闻之分。

等（2010）研究了以新浪网计算媒体关注度，考察其对股票价格表现的影响。贾春新等（2010）利用谷歌历史资讯作为关注度，研究了限售股解禁报道对股票收益的影响。张雅慧等（2011）利用富豪榜上榜事件研究了股票的媒体关注度效应。张永杰等（2011）利用互联网开源信息对资产定价的影响进行了研究，发现互联网开源信息对股市异常收益具有显著的影响。宋双杰等（2011）利用谷歌趋势数据研究了其对中国股票市场 IPO 异象的影响。俞庆进和张兵（2012）以百度指数作为投资者关注度，研究了其对股票收益的影响。但是，有的研究并没有解释媒体效应是如何产生的（如贾春新等，2010），还有的研究进一步考察了媒体效应的原因何在（例如饶育蕾等，2010；张雅慧等，2011）。这些研究都证实了媒体关注度对股票价格有重要影响。

综上所述，投资者注意力是影响股票价格的一个重要因素，而媒体的新闻报道直接引起投资者注意力的增加或减少。即使媒体报道新闻不含有新的实质性信息，但引起投资者注意力的变化，也会导致股价的波动。

第二，媒体情绪影响资产价格渠道。

直观上不难理解，不仅新闻报刊有关公司的报道数量对市场及投资者行为产生影响，其报道使用的语言也可能传递某种信息。相对于模棱两可的语气，媒体报道中采用极其负面的语气至少说明记者或编辑对该信息内容的准确性有十足的把握。语言分析在心理学、语言学、社会学、政治学等领域的学术研究中早有应用。尽管人们自觉不自觉地感受到媒体使用的语气体现了信息的准确性，但规范地研究媒体报道的语言或语气如何对金融市场活动产生影响的历史甚短。

行为金融学理论指出，投资者在做决策时依赖于其获得的信息，但是，投资者并不能完全理性地处理这些信息，会受到各种心理偏差的影响。而情绪就是其中一种心理偏差。因此，投资者决策会受到其心理偏差——情绪的影响，从而影响资产价格（Barberis et al.，2008；Daniel et al.，1998；Hong and Stein，1999）。这些研究为检验投资者情绪与股票收益之间的关系奠定了理论基础。情绪好的投资者对未来会更加乐观，而情绪差的投资者则对未来更加悲观。那么，投资者情绪会受到哪些因素的影响呢？罗伯特·希勒指出"新闻媒体并不关心如何向读者和观众提供正确的基本价值观以及定量分析的方法，而是热衷于介绍具有较强的故事性或关于直接用途的内容以吸引观众和读者，因此，新闻媒体对人们过于情绪化的非理性投资行为产生了很大的影响。"他还在《非理性繁荣》一书中提供了许多媒体影响投资者情绪的案例，最终影响资产价格。因此，我们有理由相信：媒体影响投资者情绪，投资者情绪影响投资者投资行为，最终影响资产价格。比如贝克和沃格勒（Baker and Wurgler，2006）和布朗和克利夫（Brown and Cliff，2004）等研究发现投资者情绪对股票收益有显著的影响。

现在的核心问题是，如何度量媒体的情绪？铁木尔·库兰指出由于作者因为担心负面词汇的使用会对读者造成误解，因而尽量避免这类词汇使用[①]。因此，在金融研究中主要考察如何测量媒体的悲观情绪，以此作为投资者的情绪指标，考察其对资产价格的影响。拉金和赖安（Larkin and Ryan，2008）使用新闻分类法，把新闻分成负面、正面和中性，研究表明这样分类得出媒体情绪对股票价格存在显著的影响。但是，现有文献研究中更为常用的是采用关键词计算媒体情绪[②]。例如，泰洛克（2007）首次用定量方法度量了媒体语言（语气）研究了华尔街日报"与市场同步专栏"的语气与短期股票市场走势和交易量之间的关系。泰洛克（2007）根据划分77类词义的新版哈佛大学心理学辞典确定每日"与市场同步

[①] 详见《比较》第61辑，铁木尔·库兰的论文《用系统方法解析文明的经济轨迹》第82页。

[②] 计算方法主要是计算负面词汇在一篇新闻报道中的比例或者加权负面词汇在新闻报道中的比例。

专栏"专栏所用词汇的类别，然后采用主成分分析法得到每日最大方差项即为媒体因素。由于心理学辞典收录的都是（偏）负面词，因此，这里得到的媒体因素度量可以被定义为悲观情绪因素。作者进一步分析了这一悲观情绪指数与道琼斯指数收益、成交量，以及法马和弗兰奇小规模因素（SMB）之间的关系。泰洛克（2007）提供了四条重要证据：一是根据媒体语气构建的悲观情绪指数与次日道琼斯指数收益之间显著负相关。一个标准差的情绪指数变化引致道琼斯日收益变化8.1个基点。二是悲观情绪指数同样显著受到以往道琼斯指数涨跌的影响。道琼斯指数每下降4.4个基点，悲观情绪指数之间一个标准差。三是悲观情绪指数的变动（增或减）都显著增加市场总体成交量。四是悲观情绪指数变动对小规模公司的收益影响同样显著，而且其影响更加长远，不仅与次日小公司收益负相关而且与气候及日的收益存在负相关关系。依据坎贝尔（Campbell，1993）等和德朗（De Long，1990）等的相关理论，前面两点证据证明了悲观情绪指数传递的并非是信息而是市场情绪，后面两点进一步证实了这一点。遗憾的是他并没有指出媒体与指数收益之间是否因果关系。杜格尔（Dougal，2012）等则利用同样的新闻数据，依据不同的记者把新闻分类，得出不同的记者所写的同一个专栏对市场影响不同，由此证实了专栏与市场收益的因果关系。泰洛克等（2008）进一步将媒体语言的分析拓展到预测个股收益的层面。作者采用新的方法构建了基于S&P500指数成分股公司新闻报道语言的情绪指数，发现该情绪指数可以预测个股收益以及未来盈余。根据哈佛大学心理学辞典的正面词和负面词词库，度量每日道琼斯在线（Dow Jones News Services）和华尔街日报有关公司的报道，计算S&P500成分股的悲观和乐观情绪指数，其指数是每日有关公司报道中负面（正面）词占总词数的百分比。鉴于该指数时间序列上非稳定，为了便于回归分析，作者将上述指数减去该公司前一年情绪指数均值再除以上一年指数的标准差得到最终用于计量分析的情绪指数。泰洛克等首先实证检验了媒体情绪指数是否包含了能否预测下一个季度公司标准化超额盈余（SUE）[①]的基本面信息。作者还选用了标准化的分析师预测误差（SAFE）作为被解释变量。在盈余预测方面，作者的处得主要结论包括：一是盈余公告前 3~30 日的悲观情绪指数显著地预测下一季度财务报告的未预期盈余；悲观情绪指数越高，公告的每股盈余相对于分析师的预测值越低；二是基于道琼斯新闻和华尔街日报分别构造情绪指数，上述结论不变，尽管华尔街日报的预测能力略强；三是以 SAFE 作为被解释变量，上述结论不变。

泰洛克等（2008）得出的更为重要的结论是关于基于媒体语气的悲观情绪指数可以预测股票的截面收益。悲观情绪指数越高，次日股票平均收益越低。以法马-弗兰奇（1993）三因素模型计算的超额收益作为收益度量，每增加一个标准差的悲观情绪指数，次日股票平均超额收益降低 3.2 个基点。同理，乐观情绪指数增加，次日股票收益亦增加。这一结论不管是以两个媒体报道的语言还是基于单一媒体报道都不变。媒体情绪指数预测未来股票收益的主

既然悲观情绪指数与未来收益有显著关系，理性投资者就可以利用这一关系获利。金融学研究所采用的研究方法是根据情绪指数的高低构造基于情绪指数的零成本组合，并检验这一零成本组合投资策略的收益性。泰洛克等按照这一思路进一步检验了情绪指数预测股票收益的能力。他们根据前一天 DJNS 乐观情绪指数和悲观情绪指数逐日构造两个等权重组合，买入一美元的乐观情绪组合同时卖出同等数量的悲观情绪组合并持有该组合一天。他们发现，不考虑交易成本和风险因素，这一组合在样本期内带来的年均收益高达 21.1%。按照法马和弗兰奇三因素进行风险调整后的收益虽在不同年份有差异但在统计意义和经济意义都显著，在有些年份的日均超

[①] SUE 是 standardized unexpected earnings，最早是伯纳德和托马斯（Bernard and Thomas，1989）提出，其计算方法是 $SUE = (UE_t - \mu_{UE,t})/\sigma_{UE,t}$，其中 UE_t 为本季度的每股收益与一年前分析师预测的每股收益之差。

额收益超过10个基点。尽管媒体情绪指数对股票收益和超额盈余具有显著的预测能力，但这种预测的有效性仅限于隔日，因此，作者认为股票市场在总体上是有效性。

然而，劳伦和麦克唐纳德（Loughran and McDonald，2009）认为，泰洛克（2007）以哈佛心理学词典的负面词汇清单计算的金融报道中的负面词汇具有很大的偏差。因为，哈佛心理学词典的词汇分类原则并不是按照金融用语进行分类的。一些词汇在哈佛心理学词典中时负面词汇，但是在财经媒体报道中并不是负面词汇。例如，liability的一般词义是法律责任具有一定负面词义但在金融学中多指负债，充其量是个中性词；类似的还有cost、taxes等。还有些词如cancer，mine，crude（oil）位列哈佛大学负面词库，而在金融中多指行业或产品分类。因此，以哈佛大学心理学辞典为蓝本研究媒体语气及其影响有可能是人误解。因此，他们在泰洛克研究的基础上，改进了用于测算媒体情绪的词汇清单，发展了一个新的词汇清单。劳伦和麦克唐纳德（2009）对上述问题进行了深入分析，并以证据表明哈佛大学心理学负面词库来度量的媒体语气对市场价格的影响并不显著，而且，当股票收益下降时，媒体报道中负面词占比并未上升。劳伦和麦克唐纳德（2009）在媒体语言分析上做出了两个重要贡献：一是构建了一个适用于金融领域的词库，包括六大系列，它们分别是负面性（2337个词）、正面性、诉讼性、不确定性、弱语气性、和强语气性系列；二是作者提出了在媒体语气中词的权重的确定方法，解决了高频词在媒体语气中权重过大的问题。

劳伦和麦克唐纳德实证分析了他们的新词库与哈佛大学词库分析美国上市公司10-K报告中的语气以及影响。他们发现：一是新构建词库的负面词语气能更好地预测股价走势和未预期盈余比哈佛大学词库；二是采用权重法度量的语气具有更显著的预测效果。但是，作者并未发现证据支持基于负面词度量语气的交易策略可以带来显著的投资收益，与泰洛克等（2008）的结论有些差异。

加西亚（Garcia，2012）进一步研究证实了媒体情绪在不同经济周期（经济衰退和经济扩张）对收益具有显著的不同影响，并考察了情绪在不同交易日的显著影响（比如周一效应）。

令人遗憾的是，国内学者对媒体情绪影响资产价格的研究还很缺乏。游家兴和吴静（2012）采用人工阅读法首次构建了一个衡量中文媒体情绪的指标，在此基础上对媒体情绪和资产误定价的关系进行了细致考察。研究表明，新闻媒体情绪对资产误定价具有显著地影响。这一类研究文献缺乏的根本原因可能在于媒体情绪的度量难度。因为，一是国内外语言、文化、用语习惯等方面的差异，导致直接引用国外研究结论来研究中国金融市场或许会"水土不服"；二是对于中文媒体报道态度倾向的度量由于中文词汇的应用千变万化，表达的含义丰富多彩，同一个词汇可能在不同的情景下表示不同的蕴意。即使存在这样的难度，也并不代表我们不能构建一个中文词汇清单来解决度量媒体情绪的这一难题。因此，我们有必要在这方面努力，研究出适用于中国金融市场的金融词汇清单来研究媒体情绪与资产价格的关系。因为，在金融市场不完善、散户投资者占主导、投资者知识经验的缺乏等情况下，投资者受到媒体情绪对投资者行为的影响更严重。这样导致的一个结果是，媒体悲观情绪对股票收益具有更大的预测力。

2.3.3 媒体对资产定价影响机制的经验区分

综上所述，媒体影响资产定价的机制有两种：一是媒体增加了投资者认知或意见分歧；二是媒体生产了关注度或情绪。那么，在经验研究中如何区分这两种媒体影响资产价格的传导机制？现有研究文献为我们提供了一些研究方法供我们考量。本部分基于现有研究文献对这些检验进行总结性的述评。

投资者认知假说的检验方法，其核心在于找到一组媒体变量，该变量与投资者的数量相关，从而检验媒体的投资者认知效应。现有研究文献提供了许多种检验方法，本章则总结了其中最为主要的几种检验方法。检验方法一，按照公司分析师数量的多少分为两组，如果投资者认知假说成立，那么媒体对价格的影响在分析师数量较少的公司与分析师数量较多的公司之间存在着显著的差异，原因在于分析师数量多的公司，知情交易者就多，而分析师数量少的公司，知情交易者少，从而媒体报道会增加投资者对该类公司的认知，结果就会呈现媒体影响资产价格的显著效果。检验方法二，把媒体区分为权威著名媒体和非权威著名媒体，权威著名媒体的报道往往是对信息的证实，从而增加投资者认知，所以与非权威著名媒体相比较而言，权威著名媒体对资产价格的影响更为显著（Dyck and Zingales，2003）。检验方法三，投资者认知假说成立，产品市场的广告支出费用（增量或绝对数额）会增加投资者对公司的认知，从而会增加投资者数量和使得股票具有更好的流动性（Chemmanyr and Yan，2011；Grullon，2004）。

　　意见分歧假说的检验主要是检验媒体变量与代表市场分歧的变量是否存在正相关关系。主要有以下两种常用的检验方法，检验方法一，通过检验媒体关注度和买卖差价之间的正向关系，如果媒体关注度越高，买卖差价越大，那么意见分歧越大，从而支持意见分歧假说。检验方法二，通过检验媒体关注度同分析师预测分歧的正向关系，如果媒体关注度越高，分析师预测分歧越大，那么市场的意见分歧越大，从而支持意见分歧假说（Stephen and Ferdinand，2011）。

　　媒体关注度假说检验则是关键在于选取的媒体变量，该类变量并没有传递与公司基本面相关的新的实质信息，仅仅是引起人们的注意力。现有研究文献在这方面的检验方法主要有以下几种，检验方法一，通过考察一则在受众者较少范围内的利好或者利空新闻报道在经过一段时间之后再次出现在受众者广泛的新闻媒体报道之后，检验其资产价格是否有显著的变化（Huberman and Regev，2002）。检验方法二，寻找与公司产品无关的媒体报道，研究该媒体报道与股票收益之间的关系，从而检验媒体关注度假说，因为这样的媒体报道只是传递了关注而非信息（Fehle，2005）。检验方法三，运用引起市场关注的异常金融事件研究其对资产价格的影响，因为心理学研究表明投资者的注意力是有限的，异常的金融事件会引起投资者的注意，从而改变其投资者行为，引起资产价格的变化（Yuan，2011）。检验方法四，运用一段时间内的媒体报道的数量研究其对股票收益的影响，从而检验媒体关注度假说（例如，饶育蕾等，2010）。

媒体情绪假说检验的关键在于媒体报道情绪的度量。利用媒体情绪指数研究其对股票价格的影响（Tetlock，2007；Garcia，2012）。其难点也在于媒体情绪的度量，现有研究文献一般采取人工阅读法和机器识别两种方法。人工阅读法就是指通过研究者对新闻的报道进行阅读之后，对其进行打分，按照得分的高低区别新闻的情绪（游家兴和吴静，2012）。机器识别法又可以称为关键词识别，首先根据心理学或者语言学，构建一个情感词典（主要是正面词汇和负面词汇），运用该词典计算一篇新闻报道中情感词汇比例（可以对关键词进行加权或者不加权），以此度量媒体情绪（Tetlock，2007；Garcia，2012）。接下来就非常容易，利用该情绪指数研究其对资产定价的影响。

综上所述，一般说来，对于每一个假说的检验都有许多种检验的方法，我们在进行经验研究时都应该借鉴这些标准的做法。另外要说明的问题是，我们在进行相关假说的检验时，每一个假说的检验不局限于一种检验方法，应采用多种检验方法，以便找到有力的证据支持或者拒绝该假说。

需要我们注意的是，我们在经验研究中区分这些传导机制的核心在于选取合适的媒体变量。一个基本的标准是对媒体报道的新闻信息进行分类，其分类的依据就在于新闻报道是否传递了新的实质信息。如果我们要检验经典金融学的传导渠道，那么我们选取的媒体变量就应该是新闻报道传递了新的实质信息，比如记者通过调查而得的新闻报道、公司第一时间发布的公告信息等。如果我们要检验行为金融学的传导渠道，那么我们选取的媒体变量应该是重复或者旧信息，例如转载的公司新闻、媒体对公司公布信息的二次报道等。现有计算识别技术和一些巧妙的思路可以很好地解决这个问题（Tetlock，2011；余峰燕等，2012）。

2.4 媒体偏见与市场效率

我们论述了媒体在资产定价中的重要性、媒体资产价格的影响渠道和经验区分。那么，我们要问的一个很自然的问题，就是媒体的新闻报道是不偏不倚，还是会存在偏差呢？这不仅对于我们深入理解媒体影响金融市场具有重要意义，而且对于规范媒体新闻报道，构建良性的媒体报道信息环境，改善金融市场效率具有重要的意义。

传统的公共精神新闻学中，媒体报道应该是公正客观、不偏不倚，反映社会现实和事实真相的一面镜子。但是，现实世界中的媒体真的是这样吗？在现代新闻市场竞争中，新闻媒体为了吸引读者，他们在报道时往往倾注感情色彩，过分渲染，使得原本索然无味的新闻看起来精彩纷呈、引人入胜（Shoemaker et al.，1996；罗伯特·希勒，2008）。根据现有研究文献，媒体偏见是指媒体并不是置身事外般地客观公正、不偏不倚地对新闻事件进行报道，而是具有意识形态的偏见（例如偏左或偏右，自由或保守等，这是由记者或者媒体本身的属性所决定）或者倾向性的偏见（例如选择是否报道，报道时是否客观公正等，这是媒体利益选择的结果）地对新闻事件进行报道。我们把媒体偏见概括为两类，一类指媒体本身的意识形态偏见，并且想以此影响读者的观念；更为重要的另一类媒体偏见是指媒体为了自身或者第三方的利益，选择性地或者有倾向地对新闻进行报道。对于第一类媒体偏见更多是见诸政治选举的文献中（Knight and Chiang, 2011; Durante and Knight, 2012; 等等），然而在金融研究中，我们更为关注的是第二类媒体偏见。金融学者也已经从利益相关者视角出发提出了可能存在的媒体偏见，并且得到了经验研究的证明。比如，路透和齐策维茨（Reuter and Zitzewitz, 2006）提出了共同基金流的广告压力说[①]；贝斯利和普拉特（Besley and Pratt, 2006）则从媒体所有权的角度证明了媒体偏见的存在。古润（Gurun, 2011）提出了公司积极管理媒体说[②]；戴克和津加莱斯（2003）、古润和巴特勒（Gurun and Butler, 2012）则分别提出了媒体报道人员和新闻信息来源之间交换补偿说[③]和地方媒体与其当地公司之间利益交换补偿说[④]；更为丰富文献则是对媒体受众者的竞争的假说[⑤]（Baron, 2005; Mullanaithan and Shleifer, 2005; Gentzkav and shapiro, 2006）。同样，罗伯特·希勒指出媒体为迎合读者的许多例子。比如，在股市高涨时期，读者更关注财经类新闻，从而财经类新闻媒体花费大量的篇幅对其进行报道；在股市低谷时期，公众对财经类新闻的兴趣显著下降，致使新闻媒体大量削减财经新闻内容。

综上所述，我们可以确信，媒体并不是公正客观、不偏不倚的对新闻进行报道，是事实真相最真实的反应，是现实的一面镜子。由于各种各样的原因，有意或无意，呈现在读者面前的新闻报道不

[①] 共同基金向私人杂志投放广告，使得私人财经杂志更倾向于推荐在本杂志投放广告的基金，从而出现的媒体偏见。

[②] 公司积极管理媒体说指的是公司可能会积极管理媒体，使得对正面新闻多加报道，而对负面新闻则减少报道，从而引致媒体偏见。

[③] 指的是媒体报道人员有其新闻来源的线人，通过给线人支付新闻信息费用，获得新闻，从而能可能导致媒体偏见。

[④] 指的是总部所在地某一个区域的公司会给当地媒体更多的广告费用，从而使得地方媒体相比于全国性媒体而言倾向于更少的使用负面词汇，从而导致媒体偏见。

[⑤] 媒体为争取其顾客，从而迎合其顾客，倾向于报道顾客喜欢的新闻信息，从而出现媒体偏见。

可避免地存在着偏见。那么，在金融市场中，财经新闻媒体的偏见会损失市场效率吗？

为了回答这一关键问题，陈（Chen，2009）等分析了超额媒体关注度与股票定价偏差之间的关系。研究发现，超额媒体关注度是公司股票定价偏差的一个主要因素。然而威尔德坎普（Veldkamp，2006）提出，股票市场可能存在低信息和低价格、高信息和高价格两种均衡状态。基于23个发展中国家的数据研究发现，由于信息较高的固定生产成本和零复制成本的特点，媒体的发达和信息的丰富会降低投资风险，提高投资需求，并最终导致股票价格升高和股价波动的降低，实现从低信息和低价格均衡到高信息和高价格均衡转换，最终提高金融市场的效率。这样看来，媒体偏见是否损害金融市场效率还需要更多的证据。

因此，媒体偏见在金融市场中也是极其重要的。在学术上，我们还需要更多的证据；在金融实践中，我们在构建良性的金融信息环境时，必须注意媒体偏见的存在。

需要指出的是，本章旨在研究媒体关注度和媒体语言语气对股票市场收益率的影响，而对于媒体偏见的研究并未涉及，这也将是进行下一步研究的方向重点。

2.5

本章小结

目前看来，已有的研究已经取得了四点共识，为以后的研究奠定了基础。

第一，媒体在资产定价过程非常重要。资产价格实质就是信息的价格。媒体在信息传递过程中，影响投资者行为，从而影响资产价格。

第二，媒体关注度影响资产价格。由于人的有限注意力，投资者会更加关注那些引起其注意力的资产。投资者面临着成千上万的股票，因此会选择投资于关注度较高的股票。

第三，媒体情绪影响资产价格。媒体报道的新闻内容由于各种原因，在传递信息的同时，还传递着其态度倾向，即媒体情绪。媒体情绪对资产价格的影响，无论是在理论上还是经验研究中，都得到了证实。

终存在着偏见。或许也正是偏见的存在，媒体对资产价格的影响更为重要。

在肯定了已有研究成果的同时，我们应该看到，已有的研究还存在着许多不足。这也为后续的研究留下了很大的空间。

首先，在研究媒体关注度和资产价格之间的关系，应该更进一步。在肯定媒体关注度影响资产价格的同时，我们必须要明白为什么媒体关注度影响资产价格。

其次，媒体情绪和资产价格的研究。对中国金融市场而言，媒体情绪显得更为重要。但是，难点也在于对媒体情绪的度量。正因为存在这些困难，关于媒体情绪与资产价格的研究就极其缺乏。这也正好显示了该研究的重要意义所在。

最后，我们在研究媒体与资产价格时，我们必须考虑中国金融市场的特殊性。任何理论或者结论，一般说来都是不可复制的。但是，我们可以运用同样的思想、方法和工具等。因此，我们在研究中国金融市场的媒体与资产价格的关系时，必须运用科学、标准的金融学研究方法，考虑中国金融市场和新闻媒体的特殊性，结合这两方面对其进行研究。

第 3 章

中国财经媒体与资本市场

3.1 引 言

新闻媒体是金融市场发展的必要机制，媒体为金融市场的发展提供了一个必须的制度框架、一个有利于金融市场发展的市场环境。在市场经济中，市场交易的发展需要两个制度支持，一是消费者权益保护或者说买方权益保护机制，二是交易双方的信息披露（陈志武，2005）。金融市场也不例外，并且在金融市场中更加需要这两种制度支持。在金融市场中，投资者面临着信息浑浊或者说信息不对称，从而会出现逆向选择的问题，导致金融市场发展滞后，甚至停滞。因此，公司尤其是上市公司的公正可靠的信息就非常重要。如果没有可靠公正的信息，投资者就无法预期从事市场投资，就不知道投资的利益所在，面临着极大的不确定性。投资和交易结果的不确定性将迫使投资者停止投资，从而导致金融市场发展的停滞。在这种情况下，媒体就尤为重要，因为新闻媒体可以独立地验证信息、挖掘信息，然后将信息传递给投资者，以部分解决投资者面临的信息问题。如果媒体言论受到限制，那么媒体将会有选择性

（选择报道正面新闻，而忽视负面新闻）或者有倾向性（在面对同样的新闻事件时，媒体会更加乐观地进行报道，会对新闻事件进行粉饰）地对新闻事件进行报道。这样的情况下，金融市场就会出现信息混乱、信息失真和片面性。无论如何，投资者总是会有意或者无意地受到媒体的影响。因此媒体在金融市场中、在对资产价格的影响非常重要。本章将从以下部分论述媒体对金融市场、资产价格的重要性。首先，概述了中国财经媒体的发展历程。其次，概述中国财经媒体对投资者及对中国资本市场的影响。

3.2 中国财经媒体的发展历程

无论是历史悠久的财经报纸杂志还是近几年才兴起的网络财经媒体，都在我国资本市场的发展过程中起着非常重要的作用。尤其是在20世纪90年代中国成立上海和深圳证券交易所以来，中国的资本市场发展迅速，市场中的各种金融交易产品越来越多、市场的参与者数量呈几何数级的增长。这就一方面为各种财经媒体提供了丰富的素材，另一方面使得投资者越来越关心财经新闻，财经媒体也就有了巨大的读者群。这就使得中国的财经媒体得到了极大地发展。中国资本市场的发展需要信息的通畅，这就不可避免地需要财经媒体，因为财经媒体在传递信息方面具有无可比拟的优势。在这种双重作用下，财经媒体在过去几十年得到了极大的发展。本节就这种分析中国财经媒体的发展历程，我们将会在下一小节分析财经媒体对中国资本市场的影响。

纵观中国财经媒体的发展历程，我们发现大致可以分为四个阶段。即1978年改革开放至20世纪90年代初、90年代初至90年代末期、2000年前后、2007年至今。在本章我们主要讨论财经媒体对资本市场的发展，由于中国的资本市场建立是在90年代初期，因此我们主要对财经媒体发展的后三个阶段进行概述。

第一，20世纪90年代初期至90年代末期。随着改革开放的深入，中国资本市场的高速发展，在90年代初期相继成立了深证证券交易所和上海证券交易所。由此，出现了各种以披露市场公司证券信息的证券类报刊，并且这些报刊都具有中国证券监督管理委员会指定披露信息的报刊资格。其中，《中国证券报》《证券时报》《上海证券报》是这一时期的主要代表。这些财经媒体集中关注中国资本市场和上市公司的相关新闻信息，这些财经媒体随着资本市场的发展也得到了迅猛的发展。这些财经报刊的发展也带动了一些地方报刊的证券版面的兴起，形成了专业证券媒体的集聚式发展。在90年代末期，随着中国金融业的发展，这些报刊相继增加了期货、国债、保险等领域的栏目。由于证券市场高度的专业性，这些财经报刊业强调专业团队建设，这些都为财经媒体的发展做出了有益的探索和铺垫。

第二，2000年前后时期。这一时期的主要特征是市场化媒体的出现为中国的财经媒体注入了一股新鲜的血液，促进了中国财经媒体的发展。其中的代表当数《财经》杂志的创办，财经杂志创办时期坚持运营方和编辑部的独立，从而使得《财经》杂志的报道更具有独立性、可信性。《财经》杂志刊发了一系列有影响的新闻报道，例如1998年创刊号的封面文章《谁为琼民源负责》，引起了社会极大的反响。此外，还有《经济观察报》《21世纪经济报道》《第一财经日报》等也在这一时期创刊，并且坚持新闻的独立和客观的原则。这一时期财经报刊的主要特征是市场化媒体的出现和财经报道的专业化和深度化。

第三，2007年至今。2005年启动了股权分置改革开启了2006~2007年的牛市行情，使得中国的投资者格外关心中国资本市场的相关新闻信息，这就使得对财经新闻信息的质量和传播速度有了迫切的需求。这时，网络就成为无可替代的选择。著名的财经报纸杂志相继开办了相关的网站（如《财经》杂志的财经网）、同时兴起了一些财经网站（如新浪财经），这些财经媒体实时地传播着财经领域的相关新闻。随着智能手机的出现，财经新闻的传播就更加的迅速。投资者可以随时随地接受财经领域的相关新闻信息，同时又可以分享相关的新闻信息。另外，随着投资者对资本市场的关注和对财经新闻的了解，一般的财经新闻已经不能满足投资者的需求，因此财经媒体在报道的专业性和深度方面有了极大的发展。这一时期的财经媒体的主要特征是追求新闻的深度和速度。

综上所述，我们发现财经媒体的发展实际上是和资本市场密切相联系，相互促进的。一方面资本市场的发展需要财经媒体，另一方面财经媒体在传播信息和监督方面又促进了资本市场的发展。即使随着网络的发展，但纸质报刊依然起着非常重要的作用。我们引用了郑涛的一项研究成果数据说明这个问题。

由表3-1可以看出，互联网的兴起，网络化的财经媒体有着越来越重要的作用，从2001年的10.2%增加到2008年的46.5%，财经报刊（财经报纸和财经杂志）从2001年的38.1%下降到2008年的23.5%，但是依然占据着较大的市场份额。本书就从财经网络和财经报纸杂志的角度研究媒体对资产价格的影响。我们这样做的合理性在于：一是很多财经纸质报刊报道的财经新闻都是首先在纸质媒体上刊发，然后再在网络上公布，否则财经纸质报刊就没有存在的价值。二是财经纸质报刊和网络报道的财经新闻实际上具有很强的相关性，即使我们只考虑财经纸质媒体也能够基本涵盖所有的财经新闻。三是我们研究使用的是月度数据，我们使用财经纸质媒体是合理的，因为一个月之内财经纸质媒体和网络财经媒体没有什么大的区别。但是，如果要追求时效性，例如进行财经媒体对股票市场的影响采用网络的实时数据可能更好，因为网络传播信息的一个特点就在于时效性和追求速度。因此，我们运用财经纸质报刊研究媒体对资产价格的影响是较为合理的。

表3-1　　　　　　　财经媒体市场份额　　　　　　　单位：%

媒体	2001年	2002年	2003年	2004年	2005年	2006年	2007年	2008年
财经电视节目	51.7	47.5	43.1	39.4	36.3	31.8	28.2	25.8
财经报纸	36.9	34.7	32.1	29.3	27.2	24.3	22.3	20.8
财经杂志	1.2	1.3	1.7	1.9	2.2	2.3	2.6	2.7
财经网站	10.2	16.5	23.1	29.4	34.3	40.1	44.1	46.5
其他媒体						1.5	2.8	4.2
合计	100	100	100	100	100	100	100	100

资料来源：郑涛：《媒体报道与资本市场发展》2010年西南财经大学博士学位论文。其他媒体是指移动手机、户外广告、移动电视及电子杂志。

3.3
媒体与投资者利益

新闻媒体是金融市场发展的必要条件，如果没有新闻媒体来增加金融市场的透明度，那么金融市场终将会走向关闭。媒体不仅对金融市场发展非常重要，而且对投资者利益也具有很大的影响。我们将会通过一个简单的模型加以说明。

我们首先设定一个经济环境，在这个经济中存在1个投资者I、1家媒体和两家公司A和B其他条件都完全相同，公司的收益率分别为$r(A)$和$r(B)$，并且公司A相对于公司B具有更好的业绩和收益，即$r(A) > 0 > r(B)$。另外，投资者I的初始财富为W_0，该投资者面临着将初始财富投资于公司A和B的问题，那么投资者该如何选择？

情况一：市场上的投资者不能区分公司A和公司B的好坏，那么他的最优选择就是将初始财富W_0平均分为两份，分别投向公司A和公司B。最后的财富为：

$$W_{11} = \frac{1}{2} \times W_0 \times [1 + r(A)] + \frac{1}{2} \times W_0 \times [1 + r(B)] \quad (3-1)$$

通过运算，最后结果是：

$$W_{11} = W_0 + \frac{1}{2} \times W_0 \times [r(A) + r(B)] \quad (3-2)$$

情况二：由于媒体的深度挖掘报道，使得投资者能够区分市场上公司 A 和公司 B 的好坏，那么显然投资者 I 的最有选择就是将所有初始财富投向公司 A。最后的财富为：

$$W_{12} = W_0 + W_0 \times r(A) \quad (3-3)$$

根据上式比较，我们可以发现投资者 I 的期末财富在第二种情况下优于第一种情况，即 $W_{12} > W_{11}$，从而由于媒体的存在，投资者的利益得以提高。

情况三：由于媒体的误报道使得投资者认为公司 B 具有更好的业绩和收益，那么显然投资者 I 的最有选择就是将所有初始财富投向公司 B，投资者最后的财富 $W_{13} = W_0 + W_0 \times r(B)$ 　　(3-4)

如果 $r(B) < 0$ 成立的话，$W_{13} < W_{12}$ 或者 $W_{13} < W_{11}$，从而由于媒体有倾向性的错误报道，使得投资者遭受损失。例如，在1997年红光实业欺诈上市，一股民遭受损失之后指出，他就是因为看了媒体报道才对红光实业进行投资的（郑涛，2010）。但是，这种情况的出现应该是极少的，否则媒体将会毫无用处。

这个简单的模型同样可以用来解释新闻媒体对金融市场发展的影响。我们的逻辑推理如下：由于投资者不能区分公司 A 和公司 B 的好坏，那么投资者就会两家公司出同样的价钱，那么好的公司 A 由于不能卖出好的价钱，从而就会退出市场，从而市场上就只会剩下差的公司 B，市场上的交易就会萎缩。这就是阿克洛夫在1970年发表的"柠檬市场"的"逆向选择"理论。该理论同样适用于金融市场。

综上所述，媒体对金融市场中的投资者、金融市场的发展都具有重要的作用。尤其是在中国这样缺乏"诚信"的金融市场，到处充斥着信息混乱,市场化的媒体、媒体的公信力就显得尤为重要。一方面,市场化的媒体可以挖掘公司深层次的信息、独立地验证信息,并将信息传递至市场,降低信息不对称问题。另一方面,由于中国的投资者还并不成熟,散户占据了投资者的绝大多数,获取公司信息的最主要渠道就是媒体。因此,媒体在中国金融市场中具有极其重要的作用。

3.4 财经媒体对中国资本市场的影响

新闻媒体对投资者利益和资本市场的发展都具有重要影响,那么媒体是如何发挥作用的呢?媒体发挥作用的方式有两种:一是生产和传递信息;二是传递媒体情绪。就媒体主要的作用方式而言,主要有两种,一种方式是对公司的新闻报道形成了对公司行为的约束,即常说的媒体监督的功能。另一种方式就是媒体使得投资者能更好地判断证券的质量和价值。

在金融市场中,投资者依据信息进行预期,从而进行交易,最终影响金融市场的表现。投资者一个最为重要的信息来源之一就是财经媒体。金融市场中,每一天都在发生着变化有趣的财经新闻,这就为媒体提供了丰富的新闻素材。另外,投资者对财经新闻媒体极为关注,因为这关系到人们经济财富的变化,同时财经媒体为投资者提供了投资者决策的极为低廉的金融市场信息。金融市场市场中,个人投资者对所需要的信息的价格极为敏感,偏好低廉价格的信息。这在散户为主的中国金融市场中的影响极其重大。因此,我们可以预测,在中国金融市场中,财经媒体对投资者的影响非常大,进而对金融市场表现具有重大影响。

一般来说,市场上涌入的信息会给市场带来波动。金融市场上的波动在某种程度上是可以被预知的,这就需要我们探讨引起市场波动的因素。在金融市场中,市场波动的因素有许多,例如政治因素、宏观经济因素、行业因素、公司自身的因素和投资者心理预期因素等。这些因素往往都会通过各种新闻媒介报道所反映出来。因此,如果我们能够抓住并且研究这些媒体报道,就可以观察到其对金融市场的影响。在本章,我们主要通过案例分析来考察财经媒体信息对金融市场的影响来说明这个问题。

在一些重大价格变化日发生的新闻报道被认为是导致股市价格变动的原因。一个简单的例子就是 2007 年 2 月 27 日,中国股票市场出现了最近十几年历史上最大的跌幅,上证综指跌了 8.84%,上海证券交易所的成交金额超过了 1300 亿元。深证证券交易所和上海证券交易所的个股出现了普跌,两市共近 1000 只股票跌停,大盘的中短期均线已经全部跌破。这个历史上的股灾的一个重要原因在于"娱乐化、缺乏专业精神的财经新闻体系"(巴曙松,2007)。例如,有人认为,此次市场下跌的导火线是中国人民银行行长周小川在香港接受记者采访时就流动性管理、资产价格等提出了十分重要的几个判断。但是,经检索发现,周小川行长在香港参加会议并接受记者采访的时间在 1 月上旬,然而媒体在转载或者报道这个新闻的时候,并没有做任何的判断和说明。还有一个例子就是 2013 年 8 月的上海自贸区概念股,经媒体报道之后,形成了一波又一波的行情。8 月初至 8 月底可谓是自贸区第一季,在这一轮行情中,投资者目标宽泛而盲目,可谓是横向铺开,遍地开花;而进入 9 月之后,自贸区概念引发的行情也由横向蔓延演变为纵深发展,概念股也由全民狂热到去伪存真的转变。在第一波炒作中,金融改革则是这一波行情的引爆点,可以称之为纵深发展,金融改革为先。

总的来说,财经媒体对中国资本市场的影响主要有两类,一类就是向市场传递信息和情绪;另一类就是外部监督职能。就向市场传递信息和情绪而言,财经媒体凭借着其广泛的覆盖度和专业化的团队能够及时、充分地向市场传递资本市场和上市公司等的相关信息。同时,由于财经媒体需要吸引受众者,因此就会对新闻素材进行加工，"往往倾注感情色彩，过分渲染，通过故事演绎的方式使得新闻由索然无味变得精彩纷呈、引人入胜"（游家兴和吴静，2012），这就向市场传递了相关的情绪。媒体作为监督的第四权利，对资本市场和上市公司的治理起着极其重要的监督作用。外部监督职能主要是指财经媒体凭借着其专业的团队，专业的金融、经济和财务知识和敏感的触觉，深度挖掘报道的财经报道习惯以及公众对财经新闻的知情权所赋予的采访权等通过采访、调查、收集证据等一系列过程，把所探究到的相关新闻信息传递给市场，对上市公司的行为形成了一个有力的约束。此外，财经媒体除了向市场披露相关的事实，以监督上市公司以外，还会形成舆论压力，迫使监管层跟进，促使监管层对相关违规、违法事件进行查处，并且还可能促使行政机构和立法机构对相关法律进行修改，以使得能够保护投资者的利益。例如在2000年，《财经》杂志刊发了"基金黑幕"一文，引起了国务院和监管层的重视，在随后的全国人大关于修改《投资基金法》起草的工作会议上得到充分的讨论，推动了立法的发展。

综上所述，中国目前的媒体和资本市场都还在不断地完善和发展。一个健全有效的信息环境还没有构建起来，谣言、信任危机、内幕交易等严重阻碍了资本市场的发展。因此，建立一个公平、公正、公开的市场信息环境就尤为重要，财经媒体在这一过程中发挥着不可替代的作用。

3.5

本章小结

在本章，我们主要从较为宏观的角度论述了中国财经媒体与中国资本市场的关系。首先，概述了中国资本市场的发展历程，并对每一阶段中国财经媒体的特征做了简要的说明。其次，我们运用一个简单的模型证明了财经媒体对投资者利益的重要性,指出财经媒体是资本市场存在的必要条件。最后,我们以举例子的方式说明了财经媒体对资本市场资产价格的影响,指出财经媒体对于资产价格有着极其重要的作用。这就在直观上为我们下文的实证研究奠定了的基础。

第4章

媒体关注度和媒体情绪的测度方法

4.1 引言

信息在所有的金融领域都是如此的重要，在金融市场就更是如此。在金融市场中，投资者依据所得信息，做出判断和决策，从而影响金融市场表现。现代经典的金融经济学假设投资者可以立即获得所有的公开信息，并正确的处理这些信息，以此为据做出决策。对于某些信息而言（比如，公司公告信息），确实如此；但是，对于另一些信息而言，投资者并不能对信息做出及时和充分的反映。然而，经典金融经济学好像对此"视而不见"，总是假设投资者能及时和充分地使用信息，那么研究路径就是从本源信息直接走向资产价格。因为，既然投资者能及时和充分地使用信息，那么信息的传播途径也就不重要了。但是，信息在金融市场上是如此重要，如果我们忽略了对"信息"的研究，那么很可能忽略掉金融市场的本质。并且，已有许多的实证证据证明了信息的传播途径的重要性。在信息传播的途径过程中，媒体作为信息传播的一个核心机制,其作用尤为重要。因此,我们更应该遵循信息—媒体处理和传播—投资者行为—资产价格的研究路径,而不是本源信息—资产价格的路径。媒体是金融市场上处理信息和传递信息的重要中介,投资者通过媒体接受信息、处理信息,作出决策,从而最终影响金融市场表现。对于散户投资者或者不成熟的金融市场,更是如此。因此,我们可以预测在中国金融市场,媒体对资产价格的影响尤为重要。

媒体已日益成为当今整个社会不可或缺的一部分,对整个经济金融系统产生着重要的影响。专业的媒体记者把采访、调查和分析所得的已有信息、一手的"内幕信息"和金融市场未来可能的变化等信息通过网络或者纸质媒体传递给投资者。投资者依据接收到的信息,进行贝叶斯信念更新,做出决策,改变其投资行为,从而影响金融市场表现。随着媒体影响力的日益提高和金融市场的发展,媒体对金融市场产生着越来越重要的影响。最近几年,媒体与金融之间关系的研究已经逐渐引起了国内外研究者的广泛兴趣。他们的研究主要集中在两个方面:一方面是媒体对资产价格的影响,这主要是通过考察媒体关注度和媒体语气来研究媒体与金融资产价格的关系;另一方面是媒体的公司治理角色。本章主要在已有研究文献的基础上集中于探讨媒体关注度的测度和媒体语言语气的测度,并以此为基础来研究媒体与金融资产价格的关系。本章在已有研究的基础上,主要贡献在于构建一个适用于中国金融市场的测度媒体语气的金融词典。

4.2

文献回顾

作为现代金融学基础框架,有效市场理论的基本含义就在于资产价格能及时和充分反映与该资产价格相关的信息。该理论已经得到了广泛的经验研究证据的支持。然而,自20世纪80年代以来,金融学者发现了越来越多的与有效市场理论相悖的经验研究证据,统称为"市场异象"。最近几年,金融学者开始关注媒体与金融资产价格这一特别的市场异象。大量的金融学文献证明媒体与金融资产价格相关。

经典金融经济学理论认为,投资者能够对与资产价格相关的一切信息做出及时和充分的反映,那么对于信息的处理和传播也就无须进一步研究,遵循信息——资产价格的研究路径。但是,正如我们在前文指出的一样,信息在金融市场中是如此的重要,以至于我们必须考察金融市场中投资者对信息的处理和传播。媒体正是金融市场中尤为重要的信息处理和传播中介,同时在金融市场中媒体又不仅仅是传播中介,它还具有内生性,在某种意义上受投资者偏好的影响。由此,媒体在金融市场中的作用尤为重要。那么,媒体是如何影响金融资产价格的呢?

我们认为媒体影响投资者的信息集和情绪,从而影响投资者的行为,最终影响金融资产价格。根据现代金融学的两大分支,即经典金融学理论和行为金融学的理论,我们把媒体影响资产价格的机制从两方面来讨论。一方面,在投资者理性的情况下,媒体传递了新的信息,从而影响了资产价格(Morris and Shin, 2002)。另一方面,如果投资者非理性,那么媒体影响投资者的关注度和情绪,从而影响资产价格(Merton, 1987)。需要指出的是,在本书我们主要关注媒体关注度和媒体情绪对资产价格的影响。

事实上,已有大量的实证证据支撑了上述论断。通过对电视节目、报纸的财金新闻或者财经网站对金融市场的影响分析,金融学者们检验了媒体对资产价格的影响。早在1971年,尼德尔费尔(Niederhoffer, 1971)就试图通过《纽约时报》所报道的新闻事件,检验市场对媒体新闻的影响。克里巴诺夫(1998)等实证研究了媒体关注与封闭性国别基金价格的关系。方和佩雷斯(2009)是第一篇系统性研究媒体关注度与股票截面收益的文献。

直观上不难理解，不仅新闻报刊有关公司的报道数量对市场及投资者行为产生影响，其报道使用的语言也可能传递某种信息。相对于模棱两可的语气，媒体报道中采用极其负面的语气至少说明记者或编辑对该信息内容的准确性有十足的把握。语言分析在心理学、语言学、社会学、政治学等领域的学术研究中早有应用。尽管人们自觉不自觉地感受到媒体使用的语气体现了信息的准确性，但规范地研究媒体报道语气如何对金融市场活动产生影响的历史甚短。

媒体的语言因媒体类型不同因搜集、证实、选择、分析及包装信息的程度不同而风格差别显著，胡伯曼和雷格夫（2002）对于EMND的案例研究发现同一项研究突破在《自然》杂志报道之后只有小幅上涨，而几个月后《纽约时报》的重新报道则使得股价在上周五收市仅为12.063美元的基础上，在下周一收市时上涨至52美元。而经过专家分析解读的信息与财经BBS的讨论又有不同，受到媒体类型，信息发布人，受众对象及报道风格多重因素的影响。

在传统媒体影响的研究中，泰洛克（2007）基于新版哈佛大学心理学辞典，首次用定量方法度量了媒体语言（语气）研究了华尔街日报"与市场同步专栏"的语气与短期股票市场走势和交易量之间的关系。研究发现，媒体情绪影响股票短期走势和交易量。泰洛克等（2008）进一步将媒体语言的分析拓展到预测个股收益的层面。结果表明，基于媒体语气的悲观情绪指数可以预测股票的截面收益。然而，劳伦和麦克唐纳德（2009）认为，哈佛大学心理学辞典词义分类是按照心理学、语言学和社会学视角进行划分的。其词库中不少负面词在金融学上往往不具有负面性。例如，liability的一般词义是法律责任具有一定负面词义但在金融学中多指负债，充其量是个中性词；类似的还有cost、taxes等。还有些词如cancer，mine等位列哈佛大学负面词库，而在金融中多指行业或产品分类。因此，以哈佛大学心理学辞典为蓝本研究媒体语气及其影响有可能是人误解。因此，他们在此研究基础上，构建了一个适用于金融领域的词库，包括六大系列，它们分别是负面性（2337个词）、正面性、诉讼性、不确定性、弱语气性、和强语气性系列。研究结论发现，新词库比起哈佛心理学词典在度量语气和预测股价走势更加显著。

综上所述，我们发现，媒体关注度和媒体语言语气等都对资产价格产生重要的影响。对于媒体关注度的测度较为容易，但是，对于媒体语言语气影响资产价格的研究，由于中外在文化、语言、制度等方面的巨大差异，如何构建一个适用中国金融市场的词库，就显得尤为重要。这样的研究不仅具有学术理论上的重要意义，而且有助于投资者、监管者理性地看待媒体的报道。

4.3 媒体关注度的测度

为了研究媒体关注度对资产价格的影响，我们首先必须考虑如何测度媒体关注度。就现有的国内外研究文献而言，我们根据其选取指标的依据，可以分为以下两种度量媒体关注度的方法：一是采用一定时间之内新闻报道的数量（Huberman and Regev, 2002; Yuan, 2011; 等等）来度量媒体关注度。具体的做法就是采取将上市公司或者证券简称放入财经纸质媒体或者财经网络媒体进行关键词搜索，从而计算在一定时间之内新闻报道的篇数作为媒体关注度。二是采用上市公司财务报表的部分财务指标，例如广告费（Chemmanyr and Yan, 2011; 等等）作为媒体关注度的指标。其依据在于广告费用越高，越有利于投资者关注该上市公司，从而引起投资者的注意。

本章在已有研究的基础上，借鉴游家兴和吴静（2012）的研究构建了上市公司媒体关注度指标。我们的具体步骤如下：第一步，确定我们需要的财经媒体数据范围。就研究中国市场而言，许多研究把关注度指标采用网络进行搜索（饶育蕾等，2010；俞庆进和张兵，2012；等等），我们认为这样的媒体关注度可能存在许多的误差，例如一些和公司基本面信息不相关的信息，比如招聘信息等。第二步，使用网络度量媒体关注度可能是普通网民对股票的关注而非投资者对股票的关注。因此，我们的做法就是把媒体关注度的范围限定在主要的财经媒体，尤其是证监会指定的"七报一刊"。这样做有助于我们更好地度量投资者关注度的代理指标，即媒体关注度。其原因在于：一是证监会要求上市公司的信息披露必须在这"七报一刊"中发布，这就降低了信息的噪音（信息噪音指与上市公司无关的信息）；二是对于这些财经报刊一般只有关心资本市场的投资者才会去关注，普通的网民可能不会对此做过多的关注。第三步，确定这些财经报刊的时间区间。由于考虑到数据的完整性，我们把时间区间设定为2002年1月至2011年12月。第四步，使用上市公司名称全称或股票简称这些关键词对新闻报道进行搜索，如果这些关键词出现在标题，这就更容易引起投资者的关注，我们赋值为3；如果这些关键词在新闻的报道中出现了3次以上，我们就赋值为2；如果出现了3次及3次以下，我们就赋值为1。第五步，我们对每一个上市公司在每一个月的这些赋值进行加总就得到媒体关注度。我们在第5章详细讨论了媒体关注度及其对股票收益率的影响。

4.4

媒体情绪的测度

4.4.1 测度媒体语气的金融词库

在第2章中，我们指出媒体语气对资产价格有着重要的影响，并且这已经得到了实证证据的有力支撑（Tetlock，2007，2008；Loughran and McDonald，2009）。那么，一个核心问题就是，我们应该如何度量媒体语言语气？这个问题至关重要，因为只有解决了这个问题，我才可以进一步研究媒体语气对金融市场的影响。当然，我们也就能研究其对资产价格的影响。基于已有的研究，我们以知网（HowNet）情感词和劳伦和麦克唐纳德（2009）情感词为基础，从而构建适用于中国金融市场的正负面词汇。我们将遵循媒体报道分词——确定正负面词库——计算媒体情绪指数，以此来度量媒体语言语气。

4.4.2 媒体的选择

指定报刊制度是我国上市公司信息披露制度的重要组成部分。中国证监会从1993年起，规定上市公司必须在"七报一刊"① 公布相关信息。其中，上市公司的年报信息都基本集中在三大证券报，即证券时报、中国证券报、上海证券报。另外，媒体本身也会采访、收集、整理信息，对此进行报道，比如《财经》等。因此，我们选择的媒体包括中国证监会指定媒体、行政化媒体和市场化媒体等中国内地所有主要的财经媒体。媒体选取的时间区间为1994~2011年，总的新闻条数为7743915条。媒体的描述性统计见表4-1。

表4-1　　　　　　媒体总量描述性统计　　　　　　单位：条

时间	新闻数目
1994年	39108
1995年	56798
1996年	57864
1997年	48935
1998年	122253
1999年	183282

---

① "七报一刊"指《中国证券报》《上海证券报》《证券时报》《经济日报》《中国改革报》《金融时报》《中国日报》《证券市场周刊》。

续表

时间	新闻数目
2000 年	392805
2001 年	508876
2002 年	472763
2003 年	468370
2004 年	655941
2005 年	577425
2006 年	566040
2007 年	639657
2008 年	643704
2009 年	762146
2010 年	745111
2011 年	802837
合计	7743915
最大值	802837
最小值	39108
均值	430217.5
中位数	490819.5

由表4-1可以发现，一是媒体的新闻数目呈上升趋势，从1994年的39108条新闻上升到2011年的802837条新闻报道，这就说明了随着资本市场的发展，财经媒体也得到了极大的发展。二是，我们选取的媒体数量具有代表性，我们进行分词的财经媒体总共包括7743915条新闻报道，这就足够为我们利用该财经媒体数据库进行分词和进行正负面金融词汇的删选。根据，上述描述性统计，我们可以做出媒体新闻数目随时间的走势图（见图4-1）。

图 4-1 媒体新闻数量趋势图

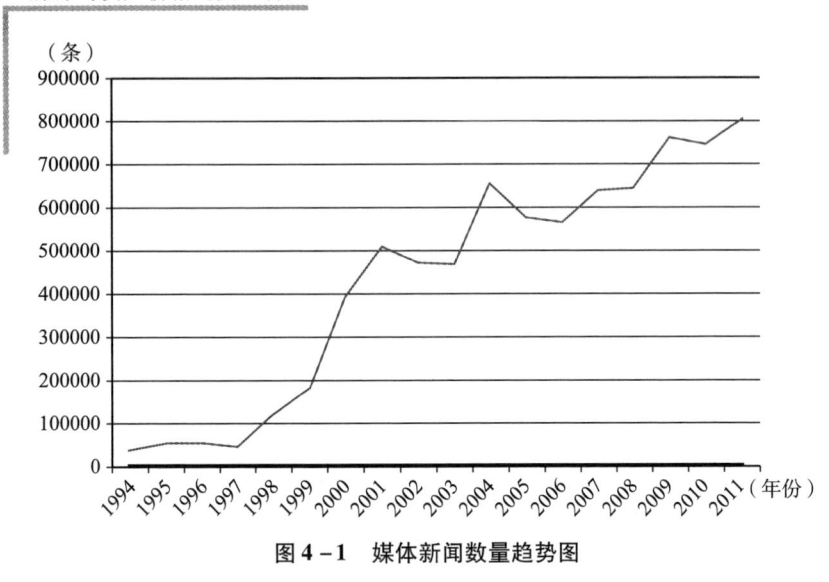

4.4.3 构建正负面金融词汇

我们构建正负面金融词汇库采用的方法是以知网情感词和劳伦和麦克唐纳德（2009）情感词为基础，结合专家判断法，从而形成一个适用于中国金融市场的正负面词汇词库。

已有的国外研究文献根据划分77类词义的新版哈佛大学心理学辞典确定新闻报道所用词汇的类别，然后采用主成分分析法得到每日最大方差项即为媒体因素。由于心理学辞典收录的都是（偏）负面词，因此，这里得到的媒体因素度量可以被定义为悲观情绪指数。以此来检验悲观情绪指数与指数收益率、个股收益率、成交量之间的关系。正如我们在第2章中指出的一样，这样构建的媒体情绪指数可能存在一些问题。因此，劳伦和麦克唐纳德（2009）在研究基础上对此进行了改进，构建了一个适用于金融领域的词库，包括六大系列，它们分别是负面性（2337个词）、正面性、诉讼性、不确定性、弱语气性、和强语气性系列。研究结论发现，新词库比起哈佛心理学词典在度量语气和预测股价走势更加显著。

在中文的语境中,关于文章情感分析常用的情感词典是知网情感词典。知网情感词典是由中科院计算机语言信息中心语言知识研究室开发,是国内领先的研究情感词汇的机构,包括负面情感词1254个,正面情感词836个。

我们借鉴劳伦和麦克唐纳德(2009)的研究成果和知网情感词典,在他们研究的基础上,构建了一个适用于中国金融领域的词库。由于我们主要关注乐观媒体情绪指标和悲观媒体情绪指标对金融市场的影响,因此,我们选取了劳伦和麦克唐纳德(2009)的研究成果中的负面性词汇和正面性的词汇(其中,正面词汇353个,负面词汇2337个)、知网情感词典(负面情感词1254个,正面情感词836个),加上我们的褒贬词汇(褒贬词汇共2152个)构建了一个粗略的正负面词库。

本章运用的正负面金融词汇词库构建的具体方法和步骤如下:第一步,对新闻报道内容进行分词。我们首先采用计算机程序把所有新闻报道分解成单个的字或者词。我们主要采用了三个标准作为分词的词库,对新闻报道进行分词。一是《现代汉语词典》,2008年6月5日由商务印书馆出版第5版。《现代汉语词典》全书收词约65000条,基本上反映了目前现代汉语词汇的面貌,概括了当今常用的词汇。二是《最新汉英经济金融常用术语实用手册》,2006年6月1日由中国金融出版社出版第1版。《最新汉英经济金融常用术语实用手册》分为两部分。第一部分包含了2000余条经济金融类常用词语及相应的英文翻译,这些词汇是经济领域中不断出现带有中国特色的新词语。第二部分是常见的英文缩略语的中文释义。三是中文往往会在肯定的词前加一个否定副词,表示否定的含义。譬如,最常见的就是把"不"这个字加在肯定的词前面,表示否定含义,而这一部分"联合词"不会出现在以上两个词典之中。因此,我们在《现代汉语词典》中的所有词前面加上一个"不"字形成一个新的词典,这就避免了把否定类分成肯定类的错误分类。我们使用以上三个基本的词典对媒体报道的新闻内容进行分类。采用计算机程序和分词词库对新闻报道进行分词的结果，一共拆分成了 2.5 万多个单词或者单个字，并给出了相应的频率。

第二步，我们采用粗略的正负面词汇与前一步分词结果的单词进行匹配，确定正负面词汇。我们主要采取了三个标准作为粗略的正负面词汇。一是褒贬词汇。一共有 2152 个褒贬词汇。二是根据劳伦和麦克唐纳德（2009）的研究成果翻译的词汇清单，查阅《简明英汉词典》《新牛津英汉双解字典》《牛津英汉双解大词典》（三本字典的收录词汇量顺次递减）的翻译结果整理，一共有 411 个正面词汇，1957 个负面词汇。三是知网情感词，包括负面情感词 1254 个，正面情感词 836 个。运用这三个正负面词库与上一步新闻报道分词的结果进行匹配，如果两者重合，则我们把该词汇选入我们的金融词库，如果两者不匹配，我们则把该词汇从我们的粗略的正负面词库中丢弃。这就形成了一个基本的正负面词汇词库。

通过这样的方式构建的金融情感词汇可能存在问题：一是由于中国文化、语言与英语的差异性，导致我们在把英文翻译为中文的时候，可能意义的更多，但是相对应的中文词汇可能又是另一个中文词汇，这就造成了我们漏掉了许多的正负面词汇。二是我们运用该正负面词汇与现有的财经媒体的分词进行对比，发现很多在中文中具有正负面情感的词汇并没有出现在我们的正负面词库中。因此，我们有必要对此进行改进。

第三步，非匹配词汇的处理。首先把所有的新闻报道分成三个区间，即区间 1 为 1993~1999 年，区间 2 为 2000~2005 年，区间 3 为 2006~2011 年，然后利用上述构建金融词库的第一种方法对每个区间的新闻报道进行分词并给出相应的词频。其次，我们选择了三组研究人员对这些词汇进行判断，以确定某一个词汇是否属于感情词，如果属于感情词，那么是负面感情词汇还是正面词汇，从而得到了一个包含正负面词汇的金融词库。

图 4-2 展示了本书的情感词汇处理程序。

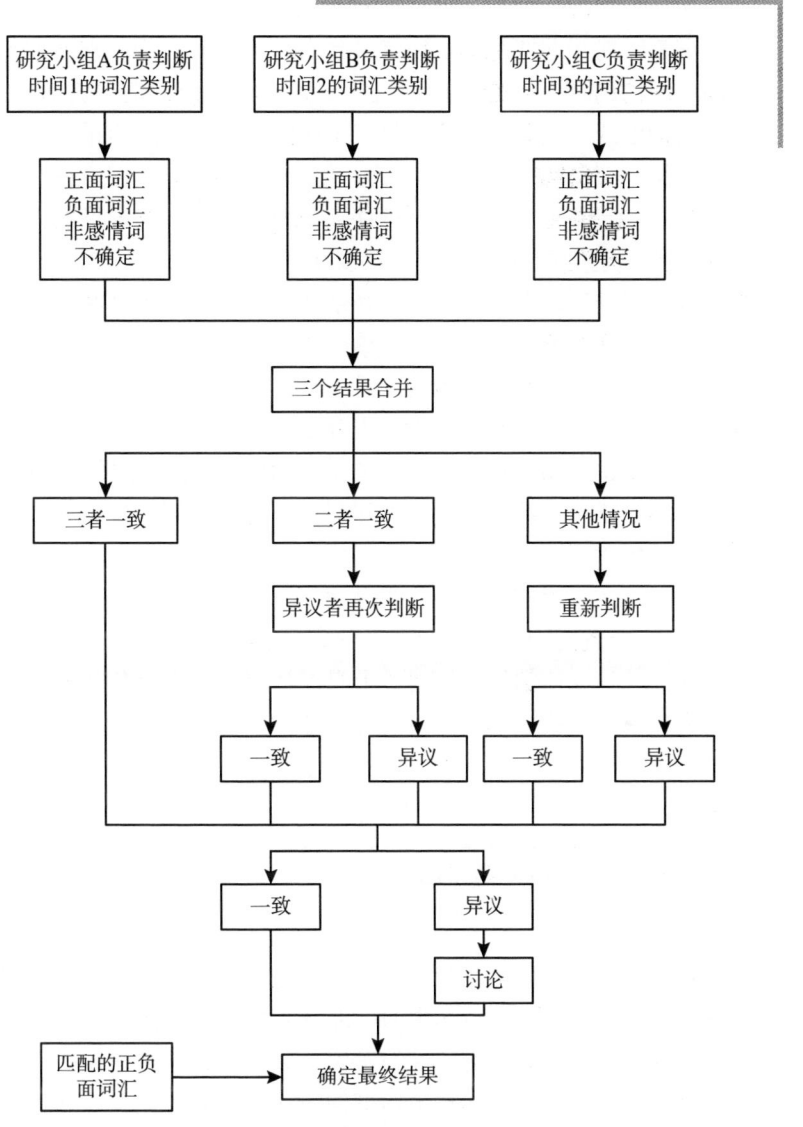

第4章　媒体关注度和媒体情绪的测度方法

图4-2　金融正负面词汇构建程序

通过图4-2，我们可以看出，是把所有词汇分为匹配词汇和非

· 55 ·

匹配词汇。对于非匹配词汇而言，是由三组研究人员分别处理每个时间区间内的词汇，判断出词汇的类别，是正面词汇、负面词汇、非感情词汇或者不确定词汇。将三组研究人员的判断结果汇总，得出三种结果，结果一，三者判断一致，则把这部分词汇归档整理；结果二，二者一致的词汇，则把这部分词汇发给持有异议的第三者重新判断，把判断结果和两者判断结果对比，一致则归档，不一致则归入异议词汇清单；结果三，剩余情况则三者重新判断，一致则归档，不一致则归入异议词汇清单。这样，我们就对所有的词汇形成了两种判断，一类是一致的，另一类是持有异议的。对持有异议的词汇而言，我们所有研究人员集合在一起进行讨论，最终得出一个一致的结论。加上匹配词汇，结合词频（词频大于等于10）对我们上述的正负面词汇进行匹配和筛选，通过这样的步骤，我们最终形成了包含正面词汇3680个，负面词汇5930个的金融词汇。

综上所述，我们通过上面的步骤，最终确定了3680个正面词汇和5930个负面词汇。在接下来的实证研究中，我们就运用该正负面词汇计算媒体情绪，构建一个媒体情绪——上市公司相对应的数据库，从而为我们都实证研究奠定基础。

4.5 媒体情绪与股票指数收益率

新闻媒体总是以市场旁观者身份出现，其实媒体也是这些事件不可或缺的一部分。当市场中的一部分人拥有了相似的想法，这种想法能推动一些重大市场事件的发生，而新闻媒体则是传播这些想法的重要工具。新闻媒体对市场事件的冲击极其复杂。媒体情绪就是对市场冲击的一种方式。即媒体并没有传播新的信息，但是媒体报道的情绪对市场重大变化有着不可忽视的影响力。新闻媒体无论是在为股市变化进行铺垫还是在煽动这种变化方面都发挥着重要作用。

第4章　媒体关注度和媒体情绪的测度方法

新闻媒体在对新闻进行报到时，总是会给新闻加上感情色彩，以是新闻能吸引读者的兴趣。金融市场很自然地吸引了新闻媒体，因为金融市场持续的变化为新闻报道提供了极其丰富的素材。同时，读者对经济新闻又极其关注，因为这关系到人们财富的变化。我们可以看看最近的一个媒体情绪影响资产价格的例子。

2012年11月19日，21世纪网发布记者李耳的调查报道《致命危机：酒鬼酒塑化剂超标260%》，文章一发布就立刻也震惊了酒鬼酒公司和股市。这一消息立即导致酒鬼酒公司在9点27分申请停牌。我们通过新闻检索，发现几乎所有的主流财经媒体都在最近期间报道酒鬼酒（白酒类）塑化剂事件，例如中国证券报、第一财经日报、21世纪经济报道等。酒鬼酒塑化剂这一事件经过媒体的传播，使得市场笼罩这一层极度悲观的情绪，致使本身并不存在的白酒类同样遭受了股价的极度下跌。酒鬼酒公司于11月23日复牌当日至28日，连续四个交易日跌停（10%）跌停，最终从11月16日收盘价47.58元跌至12月3日收盘价27.32元，随后反弹至32元左右。这一事件，不仅致使酒鬼酒在随后的交易中股价大跌，并且伴随着过度反应（这是情绪影响资产价格的一个很好例证），而且酿酒板块也存在着同样的现象。酿酒板块的指数变化在11月19日当天下跌4.58%，市值蒸发约327.79元，随后酿酒板块出现反弹现象。这说明媒体情绪确实影响着资产价格。酒鬼酒股价变化和酿酒板块指数变化如图4-3所示。

我们通过图4-4可以发现，由于酒鬼酒的塑化剂事件导致媒体对此进行大肆地报道，使得悲观情绪弥漫市场，导致酒鬼酒的股价过度下跌，随后出现了反转。此外，酒类板块指数也出现了同样的现象，按照金融学的标准理论来说，即使酒鬼酒塑化剂事件也不至于影响酒类板块指数的大幅度波动。这些都说明了媒体情绪对股票市场具有极其重要的影响。我们将在后续章节将进一步详细地对媒体情绪影响股票市场收益的程度、方向进行实证分析。

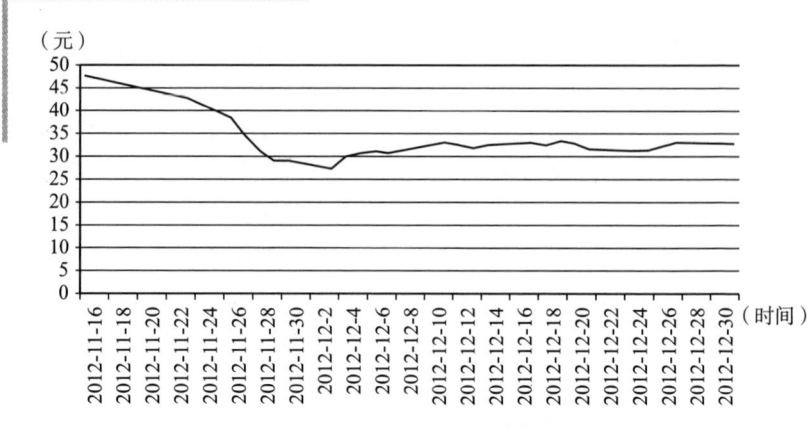

图 4-3 酒鬼酒股价走势图

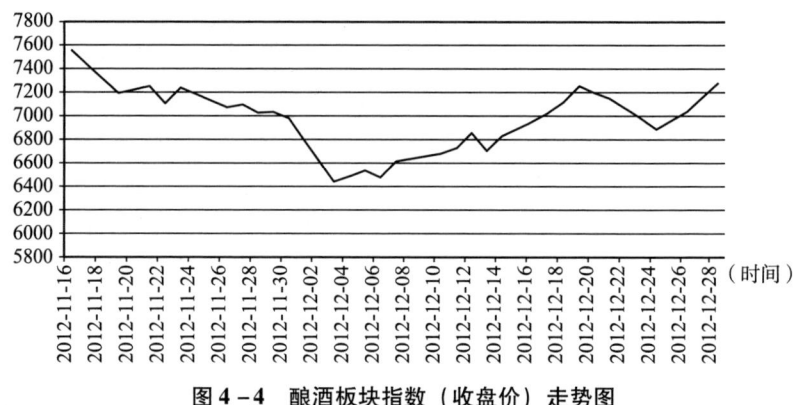

图 4-4 酿酒板块指数（收盘价）走势图

4.6 本章小结

本章主要考察了如何构建媒体关注度和如何构建适用于中国金融市场的正负面词库。我们首先讨论了媒体关注度的度量问题，其次讨论了构建金融正负面词汇词库的步骤和思路。由于现有研究媒

第 4 章 媒体关注度和媒体情绪的测度方法

体关注度的构建已经较为完整,因此我们在此就无须进一步总结说明。在此,我们仅对度量媒体情绪的正负面金融词库的方法进行总结性说明。即借鉴法加上专家判断法,即我们借鉴国内外研究成果和专家判断法,构建了一套适用于中国金融市场的正负面词汇词库。最后我们还列举了一个最近的一个新闻报道影响资产价格的事件,以说明媒体情绪影响资产价格。

另外,我们需要指出的是,本章是金融领域正负面词汇的初步探索。因此,不可避免地存在一些问题。这也是我们后续研究需解决问题。例如词库是否精确,下一步如何改进。这些问题极其重要,这牵涉到度量媒体情绪的准确性。因此,如何进一步考虑词库的精确性问题是进一步需要解决的问题。

第5章

媒体关注度与个股横截面收益的实证研究

5.1 引 言

在当今信息社会,投资者做出投资决策所需要的信息的很大部分是通过各种媒体而获得的,这在以散户为主导的金融市场表现得尤为强烈。因为散户可以通过媒体低廉地获得自己所需要的信息。从直觉上来说,媒体会影响金融市场的表现。媒体在金融市场中的作用已经引起了学术界和业界投资者的极大兴趣。然而,从现有研究文献来看,研究结论仍然含糊不清,存有分歧和争议,有待进一步深入研究。具体来说,有些学者通过研究发现媒体影响预期收益(Fang and Peress, 2009; Kothari, Li and Short, 2009),股票交易量(Barber and Odean, 2008; Engelberg and Parsons, 2011),股票收益动能或反转(Chen, 2003; Vega, 2006; Tetlock, 2010, 2011)。然而另一些研究却认为媒体对股票定价和交易没有影响(Cutler, Poterba and Summers, 1989; Mitchell and Mulherin, 1994; Berry and Howe, 1994; Fair, 2002; Griffin, Hirschey and Kelly,

2010)。还有的研究文献认为媒体提供错误消息给投资者和造成了错误定价(Moss, 2004;Chen, Pantzalis and Park;2009)。

就媒体对金融市场的影响研究而言,最早可以追溯到克里巴诺夫等(1998)研究媒体与封闭国别基金价格的关系,他们的研究发现一个国家的新闻是否出现在《纽约时报》的头版会显著影响该国基金的价格。方和佩雷斯(2009)首次系统地研究了媒体关注度与股票截面收益的关系,发现媒体关注度越高,收益率越低,即"媒体效应"。除了从媒体新闻报道数量上研究媒体对股票收益的影响以外,金融学者还考察了新闻媒体报道的语言语气对股票收益的影响。比如,泰洛克(2007)首次采用定量方法计算了媒体悲观情绪指数与股指收益率之间的关系。它主要根据划分77类词义的新版哈佛大学心理学辞典确定每日"与市场同步专栏"专栏所用词汇的类别,然后采用主成分分析法得到每日最大方差项即为媒体情绪因素。作者进一步分析了这一媒体情绪指数与道琼斯指数收益。研究结论表明,媒体情绪指数与道琼斯指数收益之间存在着显著地相互影响的作用。

总体地来看,虽然现有研究文献都已经证明了媒体对金融市场的表现有着巨大的影响。那么,我们为什么还要进行这方面的研究?原因在于:一是现有研究结论并不一致,争议较大。文献基本都证明了媒体影响金融市场表现,但是我们对于影响的方式、渠道或者机制都不甚清楚,还很模糊。二是大多数研究都集中在美国等发达国家的金融市场,而对于像中国这样的发展国家、新兴市场国家的研究还很缺乏。发达国家的金融市场以及政治经济环境与新兴市场国家的差异较大。例如,美国有良好的投资者保护机制、成熟和专业的投资者、自由的新闻媒体,而中国的投资者保护机制并不完善、缺乏成熟和专业的投资者、媒体和企业都受政府控制。因此,发达国家的媒体与金融市场表现的研究结论是否适用于中国等新兴市场国家就存有很大的疑问。三是现有研究文献更多地集中在实证考察媒体关注度对金融市场的表现,而对于背后的影响机制讨论则并不多。因此,本章在考察媒体关注度对金融市场影响的基础之上，进一步考察其背后的机制。

本章的主要研究结论发现：一是考察了媒体关注度对股票收益的影响，发现与现有研究一致，存在方和佩雷斯（2009）和饶育蕾等（2010）的"媒体效应"。二是我们不仅考察了媒体关注度对下期的影响，而且研究了媒体关注度对当期的影响。我们研究发现，媒体关注度对当期具有正向的影响，而对下期的作用却相反。三是本章在上述研究的基础上进一步研究发现媒体关注度影响股票收益的背后机制在于巴伯和奥戴恩（2008）的"注意力驱动买入效应"。

5.2

文献回顾

总体地来看，媒体对金融市场的表现有着巨大的影响，媒体关注度影响股票收益。问题是，媒体关注度是如何影响股票收益的？这种影响又是如何产生的呢？这正是本章要研究的内容。投资者在考虑是否购买股票时，面临着成百上千只股票，同时投资者又不可能完全的购买这些股票，那么他们是如何在这成百上千只股票中挑选股票的呢？投资者为什么选择了他们投资的那些股票，而不是选择那些他们放弃的股票？

投资者在做出投资者决定的时候，必须首先考虑一个选择集合，然后在选择集合中选出进行投资的股票。那么，选择集合又是由什么决定的呢？卡内曼（1973）和巴伯和奥戴恩（2008）指出注意力是一种稀缺资源，对一事物的注意必然以牺牲对另一事物的注意为代价[1]。由于人的注意力是有限的，那些能显著吸引人的注

---

[1] 罗莎和杜兰德（2008）通过实验证明了受有限注意制约的投资者在进行投资决策时，倾向于利用那些容易引起他们注意的信息，而忽略那些有用但是并没有引起他们注意的信息。

意力的事物更可能进入人思考的范围。因此，就金融市场而言，投资者的选择集合更可能是那些吸引投资者注意力的股票。投资者虽然不能购买抓住其注意力的全部股票，但是投资者购买的股票一定是抓住其注意力的股票（Barber and Odean, 2008）。既然注意力是影响投资者股票选择集合的一个重要因素，那么我们怎么度量一只股票是否引起了投资者的注意力呢？一个直接的方法就是回到投资者购买股票的时刻，我们询问成千上万的投资者并且这些投资者必须作出诚实的回答，即是否因为注意力而考虑购买股票。但是，这样做的代价是极其昂贵的，基本是不能够做到的；即使能够这样做到，得到的答案是否真实也存有疑问。因此，我们只能寻找其他间接度量抓住投资者注意力的指标，一个与抓住投资者注意力相联系的指标就是媒体报道的新闻数量。在一段时期之内，媒体不断地对一只股票进行报道，毫无疑问这样的报道会引起投资者的注意。所以，我们推测媒体报道的数量会影响股票收益。并且现有研究文献也已经证实了这一类观点。比如，方和佩雷斯（2009）研究发现了零媒体关注度溢价（no-coverage media premium），即媒体关注度越高收益率越低。维佳（Vega, 2006）研究了美国上市公司收益公告漂移的现象（post-earnings announcement drift），研究发现媒体关注度导致了收益的波动和意见的分歧。泰洛克（2010）研究了公共财经新闻是否通过降低信息不对称影响股票定价和交易量，研究结论表明，公共财经新闻确实降低了信息不对称，从而影响股票收益的表现。巴伯和奥戴恩（2008）认为，媒体关注度通过抓住投资者的注意力从而影响股票交易量。他们认为个人投资者是抓住投资者注意力股票的净购买者，这样的购买模式会造成短期内的购买压力，从而使得暂时推高股票价格，随后由于购买压力的消退，就会出现价格反转的现象。就国内现有研究而言，饶育蕾等（2010）研究了以新浪网计算媒体关注度，考察其对股票价格表现的影响，发现存在类似方和佩雷斯（2009）的"媒体效应"，并且进一步指出这是源于"过度关注弱势"。但是饶育蕾等（2010）利用新浪网计算的媒体关注度可能存在误差①，因为采用新浪网搜索股票名称时，可能把不属于相关股票的新闻计算在内，从而高估媒体关注度。本章则把关注度的计算限制在主要财经报纸媒体，从而有效地解决这个问题。张雅慧等（2011）利用富豪榜上榜事件研究了股票的媒体关注度效应，同样指出了这是由于"过度关注弱势"。从现有经验研究的文献来看，无论是在发达国家成熟的金融市场，还是新兴市场国家都发现了"媒体效应"。

从经验研究的层面而言，已经发现媒体关注度影响金融市场表现，对股票收益、交易量、收益动能或者收益反转以及公司治理的问题都具有显著的影响（Tetlock et al., 2008；Fang and Peress, 2009；and Tetlock, 2011）。然而，从理论层面上来说，我们还并不清楚媒体是如何影响金融市场表现的。无论是经典金融学，还是行为金融学都给出了媒体关注度影响资产价格的合理解释。但是，即使是经典金融学也给出了并不一致的理论解释。经典金融学的解释之一是基于 Miller（1977）的理论，认为媒体影响资产价格的机制在于媒体关注度会导致投资者意见分歧；解释之二是基于默顿（1987）的理论，认为媒体影响资产价格是由于媒体关注度降低了信息不对称和提高了投资者认知。行为金融学则认为，媒体关注度影响股票收益的原因在于"有限注意"（Barber and Odean, 2008），他们的研究发现吸引投资者注意力影响的股票显著地存在着买入压力。方和佩雷斯（2009）的"媒体效应"，发现了零媒体关注度溢价（no-coverage media premium），即媒体关注度越高收益率越低。并且，这种溢价与小公司股票、散户占主导的股票和缺少分析师的股票以及特质波动性高的股票中更高。因此，作者把零关注度溢价归因于媒体关注度提高了信息传播的宽度，增强了投资者对相应股票的认知程度，从而与默顿（1987）的"投资者认知假说"一致。史蒂芬和费迪南德（2011）利用中国

---

① 至于详细的原因，我们已经在本书第3章测算媒体关注度的小结做了阐述。

的数据证实了米勒（1977）的假说，即媒体覆盖度影响预期收益其机理就在于投资者的意见分歧。研究表明媒体覆盖度越高，买卖差价和分析师分歧越大，从而与投资者意见分歧假说一致。显然，我们对于媒体关注度影响股票收益的机制还不甚清楚，这也正是本章研究的一大核心内容。

综上所述，我们发现从经验研究层面来看，媒体关注度影响股票收益；从理论层面来说，我们并不清楚媒体关注度影响股票收益的机制。因此，我们需要更多的实证证据。本章研究正是基于此。本章的研究不仅是对现有研究的有益补充，而且能够实际的套利活动提供借鉴和指导。

5.3 制度背景和研究假设

中国的股市建立于20世纪90年代初期，股票市场与发达国家股票市场有着显著差异的几点特征。一是中国的股票市场的参与者主要是以散户为主，投机性较强并且集中于短期交易。二是中国股票市场缺乏专业、成熟的机构投资者。三是中国的媒体缺乏报道的自由和竞争。四是国家控制大多数上市公司。这些特征就决定了中国股市和发达国家成熟股票市场的表现差异。本书在上述指出现有研究都认为存在"媒体效应"（Fang and Peress，2009；饶育蕾等，2010），其原因在于媒体关注度越低，信息透明度或者认知度越低，因而风险越大，从而需要越多的收益补偿。但是由于中国特有的股票市场和媒体特征，我们推断，即使关注度越高也不一定能增加公司等额透明度，从而降低风险。我们这样推断的理由在于：一是由于媒体并没有报道的自由和竞争性，面对一则上市公司负面新闻，媒体是否能对此进行报道。即使能对此进行报道，那么报道之后面临的一系列"麻烦"也使得媒体在报道的时候掂量着是否对上市公司的负面新闻进行报道。二是具有负面新闻的上市公司会给记者红包以要求不报道负面新闻甚至要进行正面新闻的报道（王爱伟，2005；刘佩，2006）。三是媒体和大多数上市公司都是由政府控制，那么在上市公司出现负面新闻的时候，政府一般不允许媒体对上市公司进行报道。因此媒体对一家上市公司进行大肆报道更有可能的是利好新闻消息。因此，上市公司新闻报道增加的时候并不一定会是降低了信息不对称。这就存在另一个可能，上市公司新闻报道的增加，会使得该公司成为市场的热点，而在投机性较强的市场，投资者就会过度追逐热点（例如最近的庆丰包子概念股、上海自贸区概念股等，都是追逐热点的典型例子），从而使得价格上升（因为每个投资者都认为自己不会成为最后一个接收"烫手山芋"的人，因此大家就会去追逐热点），从而收益率增加。这也是巴伯和奥戴恩（2008）的"注意力驱动买入效应"。基于此，本章的第一个研究动机就是"媒体效应"在我国金融市场是否存在，即新闻媒体对上市公司的相关报道是否对股票收益产生影响，并且这种影响经风险调整之后是否仍然显著。这既是对现有实证资产定价的拓展，也是对媒体影响股票市场的相关研究文献进一步补充。因此，本章提出以下假设：

假设一，媒体关注度高的股票收益要高于媒体关注度低的股票，即在横截面上存在巴伯和奥戴恩（2008）的"注意力驱动买入效应"。

假设二，无论是从理论层面还是从现有研究来看，我们都预测媒体关注度对期望收益的影响时负相关关系，即经风险调整之后，媒体关注度越高，其期望收益率越低。

从经验研究的层面而言，尽管我们不清楚媒体关注度影响金融市场的模式，但是我们已经明确发现媒体关注度影响金融市场表现，对股票收益、交易量、收益动能或者收益反转以及公司治理的问题都具有显著的影响（Tetlock et al., 2008；Fang and Peress，2009；Tetlock，2011）。然而，从理论层面上来说，我们还并不清楚媒体是如何影响金融市场表现的。无论是经典金融学，还是行为金融学都给出了媒体关注度影响资产价格的合理解释。但是，即使是经典金融学也给出了并不一致的理论解释。经典金融学的解释之一是基于米勒（1977）的理论，认为媒体影响资产价格的机制在于媒体关注度会导致投资者意见分歧；解释之二是基于默顿（1987）的理论，认为媒体影响资产价格是由于媒体关注度降低了信息不对称和提高了投资者认知。行为金融学则认为，媒体关注度影响股票收益的原因在于"有限注意"（Barber and Odean，2008），他们的研究发现吸引投资者注意力影响的股票显著地存在着买入压力。方和佩雷斯（2009）的"媒体效应"，发现了零媒体关注度溢价（no-coverage media premium），即媒体关注度越高收益率越低。并且，这种溢价与小公司股票、散户占主导的股票和缺少分析师的股票以及特质波动性高的股票中更高。因此，作者把零关注度溢价归因于媒体关注度提高了信息传播的宽度，增强了投资者对相应股票的认知程度，从而与默顿（1987）的"投资者认知假说"一致。史蒂芬和费迪南德（2011）利用中国的数据证实了米勒（1977）的假说，即媒体覆盖度影响预期收益其机理就在于投资者的意见分歧。研究表明媒体覆盖度越高，买卖差价和分析师分歧越大，从而与投资者意见分歧假说一致。这些研究都表明，媒体关注度影响股票收益表现的机制还并不明确，还存有很大的分歧，需要进一步深入研究。

我们在第一个假说中指出媒体影响股票市场收益表现可能在于是抓住了投资者的注意力。既然投资者注意力影响投资者行为，那么这种投资者的行为是如何通过媒体和股票市场的交易最终影响股票收益的呢？现有研究文献指出，媒体关注度会直接导致投资者"注意力驱动买入"和过度交易。我们可以运用图 5-1 进行展示。

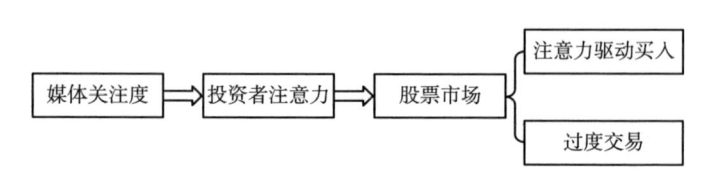

图 5-1 媒体关注度影响股票市场情况

媒体关注度抓住了投资者的注意力，从而使得投资者追逐这些市场的热点，净买入这些"抓住投资者注意力的股票"（attention-grabbing stocks）。这种由注意力所带来的短期的购买压力会使得股票价格上升和随后的反转。饶育蕾等（2010）指出，从长期的角度来看，信息是中性的，那么这种短期的高估和随后的反转就很可能来自注意力驱动买入。媒体关注度引起的注意力驱动买入股票的交易行为会提高股票交易的活跃程度，从而带来高的成交量。加上媒体关注度本身就使得股票成为市场热点，从而该股票很可能就会引发更多的炒作和交易。因此，本章提出以下研究假设：

假设三：媒体关注度越高，交易越活跃，媒体影响股票收益的机制在于抓住了投资者的注意力。

为了进一步说明媒体关注度影响股票收益的机制，我们还对上述的三个假说，即投资者认知假说、意见分歧假说和投资者注意力假说进行分别检验，以实证证据表明媒体关注度影响股票收益的机制。

与以往研究不同，本章的贡献主要有：一是采用主要财经媒体作为股票的关注度，考察了媒体关注度。这样做的好处是，避免了以往通过利用网络计算媒体关注度的研究误差，这样的误差可能会导致相反的研究结论[1]。我们的的研究发现，我国股票市场同样存

---

[1] 通过网络计算媒体关注度的弊端在于网络的噪声，这样的噪声有可能让我们错误地计算了媒体关注度，从而出现相反的研究结论。

在"媒体效应",就当期而言媒体关注度越高,收益率越高,媒体关注度对下期的影响时负相关关系。二是我们进一步研究证明了这样的"媒体效应"很可能在于投资者"有限注意"。

5.4
媒体关注度的度量和描述性统计分析

目前,学术界对于注意力的度量还没有一个统一的标准,一般用能够可能引起投资者注意的事件或者信息作为代理变量。例如,格威(Gervais,2001)等采用股票成交量衡量注意力;方和佩雷斯(2009)采用了权威报纸的新闻报道数量来衡量注意力;西肖尔斯和吴(Seasholes and Wu,2007)则采用极端收益来衡量注意力,而巴伯和奥戴恩(2008)则总结性地分别采用了股票成交量、极端收益和新闻报道来度量注意力。本书的主要目的在于研究媒体关注度对股票收益横截面的影响。因此,本书主要运用新闻报道的数量来度量媒体关注度。

我们计算媒体关注度的方法和步骤如下:第一步,确定新闻媒体的范围。我们主要计算了证监会指定的"七报一刊"中的"四报一刊"。这样做的理由为:一是上市公司等额主要新闻都主要公布在了我们样本"四报一刊"中的三报之上,因此我们的媒体样本涵盖范围较为完整。二是"七报一刊"中的《中国日报》、《中国改革报》和《经济日报》数据缺失,但在这些报纸上的上市公司新闻本身就不多,因此不影响我们对上市公司媒体关注度的度量。三是我们采取报纸作为媒体关注度而没有采用网络计算媒体关注度是由于报纸大关注度本身就和网络的关注具有一致性,采用报纸计算媒体关注度还可以避免媒体关注度的计算误差。第二步,我们搜集了所有上市公司的名称、股票简称和股票简称的曾用名,以此确定我们计算股票关注度的关键词。第三步,我们通过关键词在我们的媒体样本中进行搜索，计算关键词在一篇新闻中出现的次数以及是否出现在标题中。第四步，计算每一只股票每一个时间点在每一份报纸上的关注度，我们借鉴了游家兴和吴静（2012）的方法。即如果关键词出现在标题，我们就赋值为1；如果在文中出现3次以上，我们就赋值为2；出现的次数小于等于3次就赋值为1，从而我们可以计算每一只股票在每一天在每一份报刊的关注度。第五步，计算月度关注度。我们把每一只股票的每一天的关注度进行加总，得到每一只股票每一天的关注度，最后把一个月的关注度加总就得到每一只股票的月度关注度。我们计算的媒体关注度（MC）[①]越大，说明媒体对该只股票报道的新闻越多，就越能够引起投资者的注意。

此外，本章研究所需要的市场交易数据来自Wind数据库、国泰安数据库库和锐思数据库。

表5-1汇报了个股的媒体关注度的描述性统计分析。我们发现，从平均值而言，在牛市时期新闻媒体会更加的关注股市（罗伯特·希勒），例如在2002年1月或者2006年12月媒体关注度显著高于其他时期，这正和中国股市的繁荣时期相融合。个股异常的媒体关注度具有相当的新闻条数，比如在2006年12月媒体关注度最大值为1829。经过笔者对比研究发现，这样的极端值极少，并不影响我们的分析结论。

表5-1 媒体关注度描述性统计分析

时间	观测次数	均值	标准差	最小值	最大值
2002/01	1168	33.51	48.62	1	838
2004/12	1284	21.13	43.76	1	1031

[①] 媒体关注度（media coverage，MC）：在没有特别说明的情况下，媒体关注度和MC是具有同等意义的。

续表

时间	观测次数	均值	标准差	最小值	最大值
2006/12	1434	26.89	71.21	1	1829
2008/12	1587	23.94	57.59	1	1547
2010/12	2011	18.26	55.31	1	1854
2011/12	2176	15.56	47.36	1	1604

注：媒体关注度（MC）：2002年1月至2011年12月。

对于每一只股票而言，我们有必要考察影响个股媒体关注度的因素是什么，即公司的哪一些特征影响媒体关注度。因此，我们分别按照市值（MV）、市值账面比（MB）、贝塔值（Beta）、当期收益（Return）和上一期的收益（P_Retrun）分为10组，计算每个组合在2002年1月至2011年12月期间之内的平均媒体关注度（MC），由此可以反映出公司的哪一些特征会影响媒体关注度（MC）。表5-2汇报了上述的研究结果。

表5-2 分别按照 MV、MB、Beta、Return 和 P_Return 分组计算每一组的平均媒体关注度

分组标准	各组媒体关注度（MC）的平均值									
	1（小）	2	3	4	5	6	7	8	9	10（大）
MV	16.13	15.91	16.56	17.62	18.93	19.37	22.20	24.25	30.62	71.46
MB	24.64	22.34	21.22	22.10	21.98	23.66	25.76	29.27	30.71	31.50
Beta	30.49	23.05	23.14	22.20	22.74	21.94	23.39	23.64	26.58	33.55
Return	30.58	22.88	21.42	20.99	21.16	21.45	22.45	23.98	27.23	37.47
P_Return	28.65	25.22	23.65	23.04	23.11	22.78	24.05	26.07	26.85	33.93

注：MV 为公司当月的股票市值，MB 是公司当月的市值账面比，Beta 是当月之前的24个月计算的 Beta 值，Return 是当月的收益率，P_Return 是公司前一个月的收益率。

媒体与资产价格的实证研究

从表 5-1 和图 5-2 中可以看出，MV 和 MB 对媒体关注度 MC 具有显著的影响，随着 MV 和 MB 增加，媒体关注度也随之增加。规模最小组（MV 最小）的媒体关注度（MC）的值为 16.13，规模最大组（MV 最大）的媒体关注度（MC）的值为 71.46，比规模最小组高 55.33。而其他三个变量——贝塔值（Beta）、当月收益（Return）、前一个月收益（P_Return）与媒体关注度之间存在着近似 U 型的关系。虽然极端的信息能够显著提高媒体关注度，但是这种影响并非是对称的，Beta、Return 和 P_Return 越低或者越高都能提高媒体关注度，但是 Beta、Return 和 P_Return 越高对媒体关注度的影响更大。在某种程度上来说，这说明了，媒体的报道一个最根本的目的之一在于吸引人的眼球，抓住读者的注意力，而极端信息事件往往就是最好的新闻素材。这同时也在一定程度上说明了，媒体关注度引起了投资者的注意，抓住了投资者的注意力。

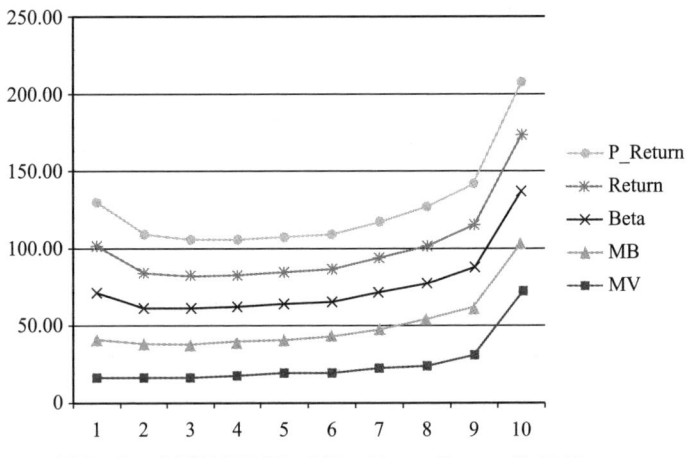

图 5-2 分别按照 **MV**、**MB**、**Beta**、**Return** 和 **P_Return** 分组计算每一组的平均 **MC** 的图示

5.5 实证分析

在这一部分,我们从三个方面来考察媒体关注度对股票收益的影响。第一方面,我们按照法马和弗兰奇的标准研究方法,分析在控制了规模、市价账面比、贝塔值和收益动能的基础上,媒体关注度是否可以作为股票横截面收益的影响的因素之一;第二方面,我们按照媒体关注度大小的不同构建资产组合,考察他们的收益在控制了一般影响资产收益的因素之后,其截距项是否具有显著的差异;第三方面,进一步讨论媒体关注度影响股票收益的原因。

5.5.1 横截面上的股票收益的决定分析

在本章这一部分,我们将控制公司的特征,如规模、市值账面比、贝塔值、当月收益和前一个月收益,从而考察媒体关注度对股票横截面收益的影响。每一个月,我们按照公司规模的大小等分为5组,再在每一个规模组按照媒体关注度(MC)的大小等分为5组,因此,每一个月将股票等分为25组,构成了5×5的矩阵,然后计算每一个股票组合在当月的等权重平均收益,每个组合总共将会得到120个月的收益,最后在时间序列上进行平均,得到25个资产组合的平均收益。

表5-3至表5-6汇报了按照公司特征和媒体关注度分组,形成资产组合的平均收益。首先,表5-3汇报了按规模和媒体关注度分组构成的25个资产组合的平均收益。我们发现在控制公司规模的情况下,媒体关注度越高,收益率越高,并且在大多数情况下是1%显著的。其次,表5-4按照市值账面比和媒体关注度分组构成的25个资产组合的平均收益。我们发现在控制市值账面比的情

况下,媒体关注度越高,收益率越高,并且在大多数情况下是显著的。再次,表5-5按照贝塔值(Beta)和媒体关注度分组构成的25个资产组合的平均收益。我们发现在控制贝塔值的情况下,媒体关注度越高,收益率越高,并且全部是1%显著。最后,表5-6汇报了按照前一个月的收益和媒体关注度分组构成的25个资产组合的平均收益。我们发现在控制前一个月的收益的情况下,媒体关注度越高,收益率越高,并且全部显著。

表5-3 按公司规模和媒体关注度分组的资产组合平均收益

媒体关注度分位数	规模分位数				
	MV1(小)	MV2	MV3	MV4	MV5(大)
MC1(低)	-0.0063	-0.0028	-0.0001	0.0033	0.0089
MC2	-0.0036	0.0024	0.0047	0.0110	0.0168
MC3	-0.0005	0.0083	0.0112	0.0199	0.0272
MC4	0.0033	0.0161	0.0238	0.0260	0.0365
M5(高)	0.0145	0.0390	0.0541	0.0511	0.0398
MC1-MC5	-0.0208	-0.0418***	-0.0542***	-0.0478***	-0.0309**
t统计量	-1.3361	-2.7093	-3.5990	-3.4336	-2.3033

注:***代表1%的显著性水平,**代表5%的显著性水平。

表5-4 按公司市值账面比和媒体关注度分组的资产组合平均收益

媒体关注度分位数	市值账面比分位数				
	MB1(小)	MB2	MB3	MB4	MB5(大)
MC1(低)	-0.0066	-0.0050	-0.0014	0.0032	0.0096
MC2	-0.0041	-0.0014	0.0073	0.0118	0.0202
MC3	0.0005	0.0032	0.0127	0.0194	0.0273
MC4	0.0033	0.0091	0.0205	0.0346	0.0507

第5章 媒体关注度与个股横截面收益的实证研究

续表

媒体关注度分位数	市值账面比分位数				
	MB1（小）	MB2	MB3	MB4	MB5（大）
MC5（高）	0.0102	0.0191	0.0321	0.0474	0.0854
MC1－MC5	－0.0166	－0.0241*	－0.0335*	－0.0441***	－0.0757***
t 统计量	－1.1482	－1.7343	－2.4362	－3.2166	－4.7232

注：*** 代表1%的显著性水平，* 代表10%的显著性水平。

表5－5 按公司 Beta 和媒体关注度分组的资产组合平均收益

媒体关注度分位数	Beta 分位数				
	Beta1（低）	Beta2	Beta3	Beta4	Beta5（高）
MC1（低）	0.0002	－0.0003	0.0024	－0.0011	－0.0042
MC2	0.0050	0.0065	0.0070	0.0064	0.0047
MC3	0.0110	0.0130	0.0137	0.0118	0.0147
MC4	0.0225	0.0221	0.0237	0.0212	0.0256
MC5（高）	0.0479	0.0433	0.0425	0.0418	0.0365
MC1－MC5	－0.0477***	－0.0436***	－0.0400***	－0.0429***	－0.0407***
t 统计量	－3.4040	－3.0484	－2.7637	－2.9413	－2.6253

注：*** 代表1%的显著性水平。

表5－6 按股票前一个月收益和媒体关注度分组的资产组合平均收益

媒体关注度分位数	前一个月收益分位数				
	P_Return1（低）	P_Return2	P_Return3	P_Return4	P_Return5（高）
MC1（低）	0.0053	0.0054	0.0003	－0.0058	－0.0181
MC2	0.0128	0.0114	0.0060	0.0013	－0.0059
MC3	0.0186	0.0183	0.0136	0.0108	0.0011
MC4	0.0284	0.0265	0.0258	0.0229	0.0168

续表

媒体关注度分位数	前一个月收益分位数				
	P_Return1（低）	P_Return2	P_Return3	P_Return4	P_Return5（高）
MC5（高）	0.0389	0.0361	0.0406	0.0394	0.0377
MC1－MC5	－0.0336**	－0.0307**	－0.0403***	－0.0452***	－0.0558***
t 统计量	－2.3121	－2.1789	－2.8810	－3.2700	－4.0776

注：*** 代表1%的显著性水平，** 代表5%的显著性水平。其中 Beta 的计算是依据当月之前的 24 个月为计算区间。

总体上看，我们在控制了其他影响股票收益的基础上，媒体关注度（MC）越高的资产组合，其收益也越高，并且大部分情况下是显著的。这就说明了媒体关注度与股票收益之间具有很强的相关性。

为了更加精确地考察媒体关注度对股票收益的影响，我们将媒体关注度（MC）纳入到法马－麦克白（Fama－Macbeth，1973）的横截面回归分析中（见表5－7）。我们研究发现，无论是控制贝塔值还是法马－弗兰奇（1992）三因素模型，媒体关注度的回归系数都是显著的，并且都是1%显著，只是随着控制变量的增加，回归系数有着递减的趋势。直接考虑收益对媒体关注度的回归，其系数为0.001，在增加一系列控制变量之后，其系数变为0.00004，但是仍然是在1%显著。总体的来说，控制其他因素会影响媒体关注度对股票收益的解释力，然而这种解释力仍然具有统计意义上的显著性。

表5－7　　　　　　　　法马－麦克白横截面回归

变量名称	方程（1）	方程（2）	方程（3）	方程（4）	方程（5）
Beta	－0.00175 (0.645)		－0.0000732 (0.984)	0.00219 (0.540)	0.00288 (0.377)
MC		0.000102*** (0.000)	0.0000648*** (0.000)	0.0000540*** (0.000)	0.0000401*** (0.000)

续表

变量名称	方程（1）	方程（2）	方程（3）	方程（4）	方程（5）
ln_MV			0.00799 *** (0.001)	0.00780 *** (0.001)	0.00890 *** (0.000)
ln_MB				0.0233 *** (0.000)	0.0185 *** (0.000)
L_Return					-0.0702 *** (0.000)
Cons	0.0176 * (0.055)	0.0128 (0.189)	-0.102 ** (0.010)	-0.133 *** (0.001)	-0.145 *** (0.000)

注：*** 代表1%的显著性水平，** 代表5%的显著性水平，* 代表10%的显著性水平，其中Beta是24个月滚动的风险贝塔值，MC是媒体关注度，ln_MV是市值（MV）的对数，ln_MB是市值账面比（MB）的对数，L_Return代表滞后一期的收益，Cons是截距项①。

5.5.2 不同关注度水平的资产组合的收益差异

接下来我们考察基于不同媒体关注度水平所构建的资产组合在是否能够获得超额收益。传统金融学认为股票横截面收益的差异是由股票相对风险因子的敏感程度决定的。法马-弗兰奇构造的三因素模型，即用市场组合超额收益、规模和账面市价比来解释股票收益的变化，其模型如下：

$$R_{i,t} - RF_t = \alpha_i + \beta_i (RM_t - RF_t) + s_i SMB_t + h_i HML_t + e_t$$

其中，$R_{i,t}$表示资产组合的收益率，RF_t表示无风险收益率，RM_t是市场组合的收益率，SMB_t是规模因子收益率，HML_t是账面市价比因子收益率，α_i、β_i、s_i和h_i是相对应的因子敏感度。

我们按照媒体关注度的高低分为5组，分别对其资产组合的收益率进行CAPM模型和法马-弗兰奇三因素模型进行回归，并对所有截距项为0的原假设进行检验。回归及检验结果如表5-8所示。

---

① 需要特别说明的是，如我们没有特别说明，下文中出现同样的符号则代表同样的含义。

表 5-8　基于媒体关注度的 CAPM 和 Fama-French 三因素模型回归

变量	MC (1)	MC (2)	MC (3)	MC (4)	MC (5)
RM_RF	0.994*** (0.000)	0.962*** (0.000)	1.016*** (0.000)	0.986*** (0.000)	1.040*** (0.000)	1.015*** (0.000)	1.071*** (0.000)	1.054*** (0.000)	1.174*** (0.000)	1.172*** (0.000)
SMB		1.064*** (0.000)		1.012*** (0.000)		0.994*** (0.000)		0.881*** (0.000)		0.536*** (0.000)
HML		0.114 (0.177)		0.0952 (0.265)		0.0330 (0.705)		-0.0419 (0.659)		-0.176* (0.077)
Cons	-0.0099* (0.087)	-0.0148*** (0.000)	-0.0044 (0.433)	-0.0090*** (0.000)	0.0037 (0.505)	-0.0007 (0.782)	0.0157*** (0.003)	0.0120*** (0.000)	0.0343*** (0.000)	0.0324*** (0.000)
N	109	109	109	109	109	109	109	109	109	109
Adj. R²	69.09%	94.43%	71.58%	94.33%	72.73%	94.23%	76.33%	93.25%	86.67%	93.05%

GRS (CAPM) =13.46　GRS (Fama-French) =26.44
　　(0.000)　　　　　　　　(0.000)

注：*** 代表 1% 的显著性水平，* 代表 10% 的显著性水平。

结论表明，随着媒体关注度的提高，截距项的值由负变为正，呈现出递减的变化，这就支持了本章提出的假设 1，即媒体关注度越高，其当期收益越高。经过法马-弗兰奇三因素模型调整之后，截距项呈现出更有规律的递减变化，对收益的解释力也显著提高，而且统计显著性也有所提高，全部都是 1% 显著。无论是低关注还是高关注，媒体关注度都对收益具有显著的影响。此外，不论是哪一个模型，GRS 统计量均在 1% 的水平显著，这就说明了无论怎么调整，都拒绝所有媒体关注度组合的超额收益都为零的原假设。进一步，我们要问的是，媒体关注度对股票收益是否具有预测力？既然媒体关注度影响股票收益，那么其背后的原因何在？这正是本书接下来要讨论的问题。

5.5.3 媒体关注度预测股票收益的横截面回归

我们在前文研究发现，媒体关注度越高，股票当期收益也越高。产生这样的原因很可能是由于投资者的有限关注使得投资者在购买股票时，购买了那些由于媒体关注而引起投资者注意的股票。我们在前文指出，由于投资者的有限注意力，使得投资者只能关注很少的一部分股票，从而购买关注的股票，使得把股票价格推高，获得一个较高的收益。这样一来，高关注的股票在下一期就并不能获得超额收益，反而由于有限关注使得投资者"忽略"掉低媒体关注的有价值股票，因此低媒体关注的股票在下一个月可能获得超额收益。因此本章的一个检验就是按照每一个月的媒体关注度从低到高分为 5 组，形成 5 个资产组合，考察在下一个月的收益模式。我们将采取 CAPM 模型和法马-弗兰奇三因素模型进行回归，并对所有截距项为 0 的原假设进行检验。回归结果如表 5-9 所示。

媒体与资产价格的实证研究

表 5-9　按照当月的媒体关注度构建资产组合考察下一个月的资产收益

变量	MC (1)	MC (2)	MC (3)	MC (4)	MC (5)
RM_RF	1.017*** (0.000)	1.016*** (0.000)	1.020*** (0.000)	1.026*** (0.000)	1.090*** (0.000)
	1.045*** (0.000)	1.048*** (0.000)	1.043*** (0.000)	1.095*** (0.000)	
	1.050*** (0.000)				
SMB	1.142*** (0.000)	1.043*** (0.000)	0.969*** (0.000)	0.812*** (0.000)	0.450*** (0.000)
HML	0.0561 (0.454)	0.0435 (0.599)	0.0452 (0.594)	-0.0482 (0.580)	-0.0769 (0.309)
	0.00577*** (0.008)	0.00378 (0.111)	0.00598 (0.235)	0.00463 (0.301)	
	0.00799 (0.133)	0.00205 (0.397)	0.00158 (0.526)	0.00298 (0.319)	0.00142 (0.508)
Cons	0.0104* (0.066)				
N	119	119	119	119	119
	119	119	119	119	
Adj. R²	69.87%	72.09%	74.29%	78.31%	89.96%
	95.73%	94.56%	94.13%	93.43%	94.88%

注：*** 代表 1% 的显著性水平，** 代表 5% 的显著性水平，* 代表 10% 的显著性水平。其中，我们在每一个月按照媒体关注度 (MC) 从高到低分为 5 组，考察其对下个月的收益的影响。

表 5-9 汇报了 CAPM 和法马-弗兰奇三因素模型的回归结果。我们发现随着媒体关注度的增加，截距项的值呈现出递减的变化，即媒体关注度越高，超额收益越低，并且媒体关注度高的超额收益并不显著。然而，低媒体关注度资产组合的能够获得超额收益，并且在 1% 的水平显著。这就说明了低媒体关注度能够获得超额收益。

我们接下来进一步研究媒体关注度能否在下一期获得经风险调整后的超额收益。我们的具体做法是按照前一个媒体关注度的高低分为 5 组，从而形成买进最低媒体关注度组合的股票，卖出最高媒体关注度组合的零投资组合，计算零投资组合的收益率。接着我们把零投资组合收益率序列分别对 CAPM 和法马-弗兰奇三因素模型进行回归。我们回归结果见表 5-10。

表 5-10　基于媒体关注度的零投资组合经风险调整之后的盈利性

项目	(1) Return	(2) Return
RM_RF	-0.0431 (0.279)	-0.0683 *** (0.000)
SMB		0.694 *** (0.000)
HML		0.109 * (0.052)
Cons	0.00675 * (0.056) [0.042]	0.00373 ** (0.021) [0.024]

注：*** 代表 1% 的显著性水平，** 代表 5% 的显著性水平，* 代表 10% 的显著性水平。

从表 5-10 我们发现，零投资组合的收益经 CAPM 模型调整之后的收益为 0.675%，经法马-弗兰奇三因素模型调整之后的收益为 0.373%，无论是 OLS 回归还是纽维 – 韦斯特（Newey – West）调整之后在 5% 的水平显著。

综上所述，我们的研究证明媒体关注度越低，在下期就越能够获得超额收益，经风险调整之后的盈利性仍然显著。

5.5.4 媒体关注度为什么影响股票收益

5.5.4.1 注意力假说的检验

我们研究发现低媒体关注度获得正的超额收益，如果这种效应是由于媒体关注而引起的，那么一个推测就是当月低媒体关注度的股票，在下一个月就不应该继续出现在低媒体关注度的股票组合之中。因此，我们对此推测进行检验，我们的研究发现在当月关注度低的股票，在下个月平均只有约 30% 的股票仍然处于低关注度股票组合，其余约 70% 的股票的关注度都发生了变化进入了更高关注度股票的组合。

由于有限关注而使得投资者购买那些高媒体关注的股票，那么媒体关注度的增加，将会增加股票的收益率。贾春新等（2010）研究指出，媒体资讯数量的变化率越多，就越能够引起投资者的注意，同时该股票是投资者关注的股票，因此媒体就会提供较多的媒体报道，因此用来衡量关注度的媒体报道越多，那么其收益率应该越高。第 i 只股票在第 t 期的媒体新闻报道数量为 $MC_{i,t}$，设第 i 只股票在 t_1 和 t_2 的媒体关注度为 $\Delta MC_i = MC_{i,t_2} - MC_{i,t_1}$，那么第 i 只股票媒体关注度的变化率为 $\Delta PERMC_{i,t} = \dfrac{MC_{i,t_2} - MC_{i,t_1}}{MC_{i,t_1}}$。因此我们预测媒体关注的变化率与股票收益呈正相关，我们采用 Fama – MacBeth 回归方法估计媒体关注度变化率与股票收益的关系。回归结果如下：

从表 5 – 11 我们可以发现媒体关注度变化率越高，股票收益率越大，即使我们控制了一些常见的变量之后，基本结论也没有改变。这也就从另一个角度验证了媒体关注的引起投资者的有限注意效应。

表 5-11　　　　　　　媒体关注度变化率和股票收益率

项目	方程（1）	方程（2）	方程（3）	方程（4）	方程（5）
Beta	-0.00284 (0.441)		-0.00000769 (0.998)	0.00295 (0.412)	0.00327 (0.312)
ΔPERMC		0.00714*** (0.000)	0.00737*** (0.000)	0.00709*** (0.000)	0.00631*** (0.000)
ln_MV			0.01000*** (0.000)	0.00972*** (0.000)	0.0105*** (0.000)
ln_MB				0.0237*** (0.000)	0.0185*** (0.000)
L_Return					-0.0650*** (0.000)
Cons	0.0188** (0.043)	0.0121 (0.206)	-0.134*** (0.001)	-0.166*** (0.000)	-0.172*** (0.000)

注：*** 代表 1% 的显著性水平，** 代表 5% 的显著性水平。

我们在研究假说中指出，如果是媒体关注度引起了投资者的注意力，从而引起了股票收益的变化的话，那么媒体关注度越高，股票交易就应该越活跃，换手率也就应该更高。因此，我们进一步检验媒体关注度和换手率之间的关系。首先我们按照媒体关注度分组，分别计算媒体关注度、换手率和交易量的均值，并对此进行比较分析。我们的具体做法是，根据每个月股票关注度的大小将所有股票分为等量的 10 组，接着计算每一个股票组合的媒体关注度的均值，以及成交量和换手率的均值，然后将这些月度的均值在 120 个月的时间序列上进行平均，同时计算相应的 t 值（见表 5-12）。

表 5-12　　　　　媒体关注度与成交额、换手率

分组	媒体关注度（均值）	成交额（均值）	换手率（均值）
Group1	1.7977	5.1423	42.4481
Group2	4.7788	6.0092	44.7240
Group3	7.3029	6.7467	46.0010
Group4	9.8066	7.6593	47.1900
Group5	12.5995	8.4885	48.3280
Group6	15.9438	9.6108	49.9736
Group7	20.2284	11.1690	50.9497
Group8	26.3617	13.2415	53.1244
Group9	37.7206	18.0816	56.2676
Group10	112.1296	41.0628	55.7140
Group1 至 Group10	-110.3318	-35.92049	-13.26581
t 值	-43.4600	-10.0440	-3.7636

注：Group1 至 Group10 分别表示按照媒体关注度由低到高等分为 10 个股票组合，计算每一个股票组合的平均媒体关注度、平均成交额（成交额单位为亿元）、平均的换手率（单位为%）。

从表 5-12 的研究结果来看，我们可以发现股票组合 Group1 股票的媒体关注度为 1.7977，而股票组合 Group10 中的媒体关注度为 112.1296，是低媒体关注度股票组合的 62 倍。随着股票组合的媒体关注度的提高，成交额的平均值从 5.1423 增加到 41.0682，两者的差值为 35.92049，在 1% 的水平上显著。换手率的变化趋势也基本出现呈现同样的变化规律，然而最高的换手率出现在第 9 组（第二高的媒体关注度股票组合），第 10 组的换手率略有下降，然而从第 1 组和第 10 组的差值约为 13.26581%，并且同样在 1% 的水平上显著。这就与我们的研究假说三一致，这些证据都在某种程度上支持了媒体关注度吸引了投资者注意的假说。

5.5.4.2 投资者认知假说的检验

默顿（1987）在理论上证明了不完全信息对资产均衡价格的影响。他认为，投资者获得一个市场组合和部分风险证券的信息，那么投资者对其余证券信息并不清楚，就会导致这一部分未被大多数投资者认知的证券集中在少数投资者手中。既然这样，持有那部分未被大多数投资者认知度证券的投资者就会因为没有充分分散风险，而要求对风险进行补偿。如果我们认为投资者关注度是认知股票的必要条件，那么我们就相信低关注度的股票的认知成本就会相对而言较高，因此就需要提供较高的风险溢价来补偿其持有者。

为了检验媒体关注度影响股票收益的机制在于投资者认知，我们采用股东人数作为投资者认知的代理变量，股东人数越多，那么投资者认知就会越高，其预期收益就会越低。那么我们预测投资者认知较低的公司一旦获得投资者关注，其知名度就会上升，会带来股票当期收益的上升和下期收益的下降；对于认知度较高的公司而言，由于本身具有较高的知名度，那么媒体关注度对当期收益的影响就会减弱，并且对预期收益就不会有太大的影响。简而言之，我们预测随着媒体关注度的提高，低投资者认知的股票收益会有显著的变化，而高投资者认知的股票变化模式应有不同。为了检验这一假说，我们的具体做法是，首先按照股东人数分为 5 组，每组里面再按照媒体关注度的高低分为 5 组，分别检验当期收益和下期收益的变化模式。我们的结果报告见表 5-13。

根据上节的描述，本节用股东人数来代理投资者认知度，个股的股东越多，则该股票的投资者认知就越高。从上表我们可以发现，在控制住股东人数的情形下，随着媒体关注度越来越高，其当期收益越来越高，最低媒体关注度股票组合和最高股票组合的产值基本都在 1% 显著，除了股东人数最多的组别（10% 显著）。最低媒体关注度股票组合和最高媒体关注度股票组合的差值随着股东人数的增加而减小，并且显著性降低。我们同样按上述分组形成 25 个资产组合，计算了每个资产组合的下期收益，我们并没有发现在

表 5-13　控制股东人数的媒体关注度和股票收益效应

关注度	当期平均收益					下期平均收益				
	Sholder (1)	Sholder (2)	Sholder (3)	Sholder (4)	Sholder (5)	Sholder (1)	Sholder (2)	Sholder (3)	Sholder (4)	Sholder (5)
MC (1)	0.0040	0.0057	0.0044	0.0021	0.0005	0.0238	0.0258	0.0270	0.0231	0.0217
MC (2)	0.0091	0.0088	0.0079	0.0106	0.0085	0.0205	0.0223	0.0218	0.0215	0.0153
MC (3)	0.0158	0.0182	0.0179	0.0164	0.0170	0.0178	0.0192	0.0184	0.0215	0.0142
MC (4)	0.0303	0.0305	0.0281	0.0309	0.0275	0.0220	0.0201	0.0169	0.0193	0.0116
MC (5)	0.0585	0.0676	0.0567	0.0566	0.0288	0.0195	0.0171	0.0148	0.0169	0.0131
MC (1) – MC (5)	-0.0546***	-0.0619***	-0.0523***	-0.0544***	-0.0283*	0.0043	0.0086	0.0123	0.0062	0.0086
t 值	-3.3626	-3.3401	-3.0608	-3.0688	-1.7233	0.2720	0.5153	0.7123	0.3574	0.5175

注：*** 代表 1% 的显著性水平，* 代表 10% 的显著性水平。Sholder 代表股东人数，按照股东人数从低到高分为 5 组，每一组里面再按照媒体关注度的高低分为 5 组，一共形成 25 个资产组合，计算当月和下一个月的平均收益。

控制股东人数的情形下,随着媒体关注度越来越高,收益越来越低,但是并不具有显著性。因此,这就与前文分析的投资者认知假说并不一致。以上的研究分析表明,本文所提供的证据并不支持投资者认知假说。

5.5.4.3 意见分歧假说的检验

米勒(1977)在一篇经典论文中指出,在意见分歧和卖空限制的前提下,对未来持有客观态度的投资者就会买入并持有股票,而悲观的投资者却因为卖空限制而不能参与市场交易,这样一来,股票价格最主要体现的是乐观投资者的意见、态度。意见分歧越大,就容易吸引投资者的关注,媒体也愿意对此进行大肆地报道,由此我们推断:意见分歧越大,媒体关注度就会越高,会引起投资者的极大关注,在卖空约束情况下就会过高地估计股票价格,因此随着未来投资者意见分歧的缩小,推动股票价格回归基本面,降低股票的预期收益。本文采用陈等(2001)选取的去趋势换手率作为意见分歧的衡量指标,考察在控制意见分歧的情况下,股票收益率的变化模式。基于意见分歧假说认为在卖空约束下意见分歧通过引起价格高估,从而产生预期低收益的预测,为了检验这一假说,的具体做法是,首先按照去趋势换手率分为5组,每组里面再按照媒体关注度的高低分为5组,分别检验当期收益和下期收益的变化模式(见表5-14)。

根据上述研究我们发现,在控制住去趋势换手率之后,低媒体关注度和高媒体关注度的当期收益差值出现了下降,并且显著性降低。就同样的资产组合,媒体关注度对下期收益的影响而言,控制住去趋势换手率之后,随着媒体关注度的提高,股票收益率下降,但是并不显著。并且,随着去趋势换手率的增加,低媒体关注度股票组合的收益与搞媒体关注度股票组合的收益之差在下降,部分地说明了媒体关注度可以增加意见分歧,只是这种影响可能并不明显。总的说来,媒体关注度对股票收益的影响并不支持意见分歧假说。

表 5-14　去趋势换手率的媒体关注度和股票收益效应

关注度	当期平均收益 dturn (1)	dturn (2)	dturn (3)	dturn (4)	dturn (5)	下期平均收益 dturn (1)	dturn (2)	dturn (3)	dturn (4)	dturn (5)
MC (1)	-0.0175	-0.0102	-0.0006	0.0131	0.0416	0.0267	0.0247	0.0213	0.0176	0.0066
MC (2)	-0.0155	-0.0078	0.0000	0.0169	0.0541	0.0189	0.0221	0.0195	0.0161	0.0028
MC (3)	-0.0093	-0.0043	0.0055	0.0212	0.0645	0.0205	0.0229	0.0198	0.0127	0.0042
MC (4)	-0.0029	0.0018	0.0099	0.0293	0.0785	0.0200	0.0198	0.0221	0.0158	0.0012
MC (5)	0.0088	0.0096	0.0162	0.0361	0.0994	0.0206	0.0185	0.0185	0.0126	0.0025
MC (1) - MC (5)	-0.0043**	-0.0198	-0.0168	-0.0230	-0.0578***	0.0061	0.0062	0.0028	0.0051	0.0041
t 值	-1.7940	-1.3939	-1.1497	-1.4866	-3.3149	0.4073	0.4168	0.1866	0.3342	0.2596

注：*** 代表 1% 的显著性水平，** 代表 5% 的显著性水平。dturn 代表去趋势换手率，按照去趋势换手率从低到高分为 5 组，每一组里面再按照媒体关注度的高低分为 5 组，一共形成 25 个资产组合，计算当月和下一个月的平均收益。

5.6 本章小结

在这一章，我们首先对媒体关注度对当期收益和下期收益的影响进行了研究。我们发现，媒体关注度越高，当期收益越高，经风险调整之后，当期低媒体关注度股票组合在下期能够获得超额的收益。我们的研究不同于以往研究的地方在于：

第一，我们的研究与现有研究一致的地方，即经风险调整之后，当期低关注度股票组合在下期能够获得超额的收益。就媒体关注度对当期收益的影响而言，我们研究发现，媒体关注度越高，股票当期收益也越高。这与现有研究并不一致，例如饶育蕾等（2010）的研究表明，媒体关注度越高，当期收益也越低。我们进一步推断，我们的研究可能更合理。其理由在于：一是饶育蕾等（2010）的研究采用网络搜索来对股票的媒体关注进行度量，这样的度量方式可能有很大的误差。例如采用公司名或者股票简称搜索其新闻量的时候，不一定是具有和公司股票相关的信息，譬如，招聘信息等。我们的研究把股票新闻信息的搜索范围限定在财经报刊，这就降低了误差，提高了媒体关注度的度量精度。二是从事实上来说，由于中国媒体和股市的特殊性，媒体的报道往往是对正面新闻进行狂轰滥炸式的报道，财经媒体在对资本市场相关信息进行报到时，更多地报道正面信息。因此，媒体关注度的提高，应该是在当期推高股价，从而提高当期的收益。

第二，我们的研究进一步对媒体关注度影响股票收益的机制的三个主要假说进行了检验。我们的研究发现，在中国市场可能是由于有限注意而引起的相关媒体效应。我们的研究并不支持投资者认知假说（Fang and Peress，2009）或者意见分歧假说（Stephen and Ferdinand，2011）。我们推测媒体关注度引起股票收益的变化模式可能是来自投资者注意的原因。

第三，为了使得本研究更具有说服力，我们把对媒体关注度的测度从 5 份报刊拓展到了 16 份财经报刊，包括中国境内市场所有的行政管制媒体和市场化媒体。这样的改变，并没有从根本上改变我们的结论。

综上所述，我们的研究表明中国股市的媒体效应可能更适用于有限注意的理论，而非投资者认知假说或者意见分歧假说。

第6章

媒体情绪、股票市场收益率与成交量的实证研究

6.1 引言

媒体是当今整个社会不可或缺的一部分,新闻媒体(报纸、杂志、电视和网络)已经覆盖着整个人类社会,对人的行为有着重要的影响,对整个经济金融系统也产生着重要的影响。在所有新闻报道中,财经新闻是最吸引人们关注的一类新闻。因为,一方面金融市场的信息源源不断地给新闻媒体提供了非常丰富的素材;另一方面,人们关注财经新闻是因为金融市场信息对人们持有的财富具有重要影响。通过对现实的观察表明媒体与股票市场行为之间存在着某种关系,即媒体影响投资者行为,从而影响股票市场表现。但是,这样的关系究竟是怎么样的,我们还不甚清楚。这也就是本书写作的目的所在。本书试图就中国的财经新闻和股票市场行为之间的关系进行研究。

媒体在报道新闻时,往往倾注感情色彩,过分渲染,通过故事演绎的方式使得新闻由索然无味变得精彩纷呈、引人入胜(游家兴

和吴静，2012）。新闻媒体并不关心如何向读者和观众提供正确的基本价值观以及定量分析的方法，而是热衷于介绍具有较强的故事性或关于直接用途的内容以吸引观众和读者，因此，新闻媒体对人们过于情绪化的非理性投资行为产生了很大的影响（罗伯特·希勒，2005）。新闻媒体在引起市场情绪从而影响股票市场表现中扮演着极其重要的作用。越来越多的金融学者对此进行了深入的研究。比如，泰洛克（2007）首次运用定量方法度量了媒体语言（语气），研究了华尔街日报"与市场同步专栏"语气与股票市场短期走势和交易量之间的关系。泰洛克等（2008）进一步将媒体情绪的该种分析方法拓展到预测个股收益的层面。劳伦和麦克唐纳德（2009）认为，泰洛克（2007）以哈佛心理学词典的负面词汇清单计算的金融报道中的负面词汇具有很大的偏差。因此，他们在泰洛克（2007）研究的基础上，改进了用于测算媒体情绪的词汇清单，发展了一个新的词汇清单。进一步，利用该词汇清单测度了媒体的情绪，研究了媒体情绪与股票收益的关系。而加西亚（2012）则进一步研究证实了在不同经济周期中媒体情绪对收益具有显著的不同影响。综上所述，我们可以看出，新闻媒体的确对股票市场有着极其重要的影响。然而，由于测度中文财经媒体情绪的困难，因此对于中国财经媒体与股票市场行为的关系研究非常缺乏。本章在一定程度上解决了测度中文媒体情绪的难题，对媒体情绪与股票市场行为进行了研究，这也正是本章的贡献所在。

本章利用2007年8月至2013年5月的新浪财经对股票市场的评论性文章考察了媒体情绪和股票市场行为之间的关系。本书首次发现，通过对新浪财经评论性文章的分析构建的媒体情绪指数可以预测股票市场指数收益率和交易量。本部分的主要贡献有：一是本章在已有研究的基础上，利用计算机自然语言处理和文本分析方法，构建了一个适用于中国金融市场的正负面词汇词典，并利用该词典计算了媒体正负面指数（媒体情绪指数）。二是本章利用回归分析的方法估计了媒体情绪指数对股票市场行为（股票市场指数收益率和交易量)的影响。研究发现:一是媒体情绪指数(悲观媒体情绪指数)对股票市场指数收益率和交易量都具有显著的影响,第 t 日媒体悲观情绪(综合媒体悲观情绪)1个标准差的变化会带来第 $t+1$ 日市场指数收益率水平变化 -9.36%(-8.74%);二是第 t 日媒体悲观情绪(综合媒体悲观情绪)1个标准差的变化会带来第 $t+1$ 日成交量水平变化 -4.81%(-4.21%)。此外,本章还进一步检验了媒体情绪只是投资者情绪的代理指标,而非信息。

6.2 文献回顾

近年来,媒体与资产定价的关系研究引起了金融学者的极大兴趣,相关研究文献也犹如雨后春笋般地涌现出来,逐渐积累起了一大批的优秀文献。这些研究文献基本都是从两个角度来研究媒体与资产定价的关系,主要沿着以下两个分支展开讨论。第一个分支是媒体"生产信息"在资产定价中的作用。这主要是从经典金融学角度进行研究。该分支研究认为媒体对资产定价有重要影响,其主要原因在于媒体生产或者传递了市场上之前并不存在的与资产价格相关的信息。这方面文献的理论基础来源于默顿(1987)从信息不完全角度出发提出的"投资者认知假说"和米勒(1977)从异质性预期出发提出的"意见分歧说"。大量相关的经验研究文献(Dyck and Zingales, 2003; Grullon, 2004; Chemmanyr and Yan, 2011; Ozik and Sadka, 2010; Stephen and Ferdinand, 2011)也证实了上述观点。另一个分支则是从行为金融学的角度研究媒体对资产定价的影响。该分支认为媒体影响资产定价是由于媒体传递了"关注度"和"情绪"而非"信息"。其理论基础则来源于一些杰出金融学者的行为金融模型提供的理论证明(Hirshleifer and Teoh, 2003; Hirshleifer et al., 2004; Peng and Xiong, 2006; DellaVigna and

Pollet, 2007)。同样，已有许多学者从经验上对上述理论进行了验证，考察了媒体"关注度"或"情绪"对资产定价的影响（Huberman and Regev, 2002; Fehle et al., 2005; Baber and Odean, 2008; Tetlock, 2010; Chen, 2003; Klibanoff et al., 1998; Kaniel et al., 2005; Fang et al., 2009; Gaa, 2008）。

从现有研究文献来看，我们基本可以判断媒体对资产定价有着重要的影响，然而，研究结论仍然含糊不清，存有分歧和争议，有待进一步深入研究。具体来说，现有研究的分歧表现如下：有些学者通过研究发现媒体影响预期收益（Fang and Peress, 2009; Kothari, Li and Short, 2009），股票交易量（Barber and Odean, 2008; Engelberg and Parsons, 2011），股票收益动能或反转（Chen, 2003; Vega, 2006; Tetlock, 2010, 2011）。然而另一些研究却认为媒体对股票定价和交易没有影响（Cutler, Poterba and Summers, 1989; Mitchell and Mulherin, 1994; Berry and Howe, 1994; Fair, 2002; Griffin, Hirschey and Kelly, 2010）。还有的研究文献认为媒体提供错误消息给投资者和造成了错误定价（Moss, 2004; Chen, Pantzalis and Park; 2009）。

国内也有许多学者对媒体与资产定价的关系进行了经验研究，得出了一些有意义的结论。比如，饶育蕾等（2010）研究了以新浪网计算媒体关注度，考察其对股票价格表现的影响。贾春新等（2010）利用谷歌历史资讯作为关注度，研究了限售股解禁报道对股票收益的影响。张雅慧等（2011）利用富豪榜上榜事件研究了股票的媒体关注度效应。张永杰等（2011）利用互联网开源信息对资产定价的影响进行了研究，发现互联网开源信息对股市异常收益具有显著的影响。宋双杰等（2011）利用谷歌趋势数据研究了其对中国股票市场IPO异象的影响。俞庆进和张兵（2012）以百度指数作为投资者关注度，研究了其对股票收益的影响。令人遗憾的是，国内学者对媒体情绪影响资产价格的研究还很缺乏。游家兴和吴静（2012）通过人工阅读的方法首次构建了一个衡量中文媒体情绪的

第6章 媒体情绪、股票市场收益率与成交量的实证研究

指标,在此基础上从公司层面对媒体情绪和资产误定价的关系进行了细致考察。研究表明,新闻媒体情绪对资产误定价具有显著地影响。这项研究的最大缺陷在于,他们在构造和计算情绪指标时,采用人工阅读的方式,具有很强的主观性,因此也就不具有"可重复性",缺乏一定的科学性。本章的一个重要贡献就是采用计算机自然语言处理和文本分析的标准方法,构建了可适用于中国金融市场的正负面词汇词典,利用该词典更加准确客观地测度了媒体情绪,因此有效地解决了游家兴和吴静(2012)的问题。

综上所述,我们可以得出以下两个结论:一是媒体对资产定价具有显著的影响;二是媒体对资产定价影响研究结论存在很大的分歧;三是大多数研究都集中在欧美市场,对中国等发展中国家的股票市场研究并不多见。因此,我们有必要进一步考察媒体对资产定价的影响机制及其影响效果。另外,我们还需要特别关注中国等发展中国家的媒体资产定价的影响研究。正是基于此考虑,本书首次研究了媒体情绪对中国股票市场指数收益率和交易量的影响。

与本书研究主题最密切相关的文献主要是泰洛克(2007)、劳伦和麦克唐纳德(2011)和加西亚(2012)的三篇文献。泰洛克(2007)首次采用定量方法计算了媒体悲观情绪指数与股指收益率之间的关系。它主要根据划分77类词义的新版哈佛大学心理学辞典确定每日"与市场同步专栏"专栏所用词汇的类别,然后采用主成分分析法得到每日最大方差项即为媒体情绪因素。作者进一步分析了这一媒体情绪指数与道琼斯指数收益。研究结论表明,媒体悲观情绪指数与道琼斯指数收益之间存在着显著地相互影响的作用。泰洛克等(2008)进一步将媒体情绪的该种分析方法拓展到预测个股收益的层面。结论同样表明,媒体情绪指数对于个股横截面收益具有一定的预测力。然而,劳伦和麦克唐纳德(2009)认为,泰洛克(2007)以哈佛心理学词典的负面词汇清单计算的金融报道中的负面词汇具有很大的偏差。因为,哈佛心理学词典的词汇分类原则并不是按照金融用语进行分类的。一些词汇在哈佛心理学词典中时

负面词汇，但是在财经媒体报道中并不是负面词汇。比如 liability、cost、taxes 等。因此，他们在泰洛克（2007）研究的基础上，改进了用于测算媒体情绪的词汇清单，并且发展了一个新的词汇清单。进一步，利用该词汇清单测度了媒体的情绪，研究了其与股票收益的关系。同时，他们的研究也利用加权的方法解决高频词汇在测量语气权重过高的问题。研究结论表明：一是利用新的词汇清单能更好地预测股价走势；二是利用加权的方法对股价走势具有更好的预测力。加西亚（2012）进一步研究证实了媒体情绪在不同经济周期中对收益具有不同的显著影响，并考察了情绪在不同交易日的显著影响（比如，周一效应）。

本章在现有研究的基础上，运用该媒体情绪指数进一步研究考察了其对股票市场的收益率和交易量的可预测性，研究表明媒体情绪对股票市场收益率和交易量均具有一定的预测力。

6.3 中国的制度背景和研究假设

研究媒体影响资产价格的大多数文献都集中于考察发达国家，这些国家的资本市场和媒体与中国具有很大的差异，这些制度背景的差异有可能导致研究结论的差异。

我们讨论中国媒体与资本市场同国外发达国家的差异：

第一，就资本市场的差异而言，发达国家资本市场经过百年的发展，拥有较为成熟的资本市场；同时以私有制为主体，政治对资本市场的公司而言并没有多大的控制力。而中国的资本市场只不过区区二十几年的发展，在资本市场的制度建设方面还很不健全，上市公司中存在大量的国有性质的企业，政府对资本市场有着广泛并且重要的影响，资本市场不合规则的现象时有发生。截至 2013 年 12 月，中国沪深 A 股一共 2487 家上市公司，其中地方国有企业和中央国有企业一共982家，占整个上市公司的39.49%，并且国有企业市值占总市值的60.32%①。

第二，发达国家拥有自由的媒体，而中国的媒体相对受管制的，因此媒体对金融市场的作用可能有差别。从实践中来看，一方面由于政府的压力，媒体可能不会倾向于报道具有国企背景上市公司的负面新闻，尤其是大型国企的负面新闻；另一方面，常见诸报端的是媒体记者收取上市公司的好处，在中国称之为"封口费"，这也使得媒体更倾向于报道公司的正面新闻。这样的情景下，公众会对媒体缺乏信任度（王爱伟，2005；刘佩，2006）。

第三，发达国家具有很好的投资者保护和专业的投资者，而这方面中国则十分的缺乏。截至2013年12月，沪深A股账户数中，散户数目占比为99.62%，并且散户账户的价值在100万元人民币以下的中小投资者占整个散户账户的比重为98.92%②。投资者倾向于短期投资和频繁地更换所持有的股票，按2013年7月根据价值计算的年化股票换手率排名，则深交所名列全球交易所第一（358.3%），上交所名列第四（155.0%）③。此外，中国投资者保护较弱。据中国证券投资者保护基金在2012年的一项研究表明，投资者在决策参与权、知情权和收益权三个方面均有所改善，但是依然没有形成一个强有力的投资者保护机制④。

这些制度背景的差异可能导致媒体影响股票市场行为与国外发达国家市场之间具有显著的差异：

第一，媒体报道可能更多的传递了乐观情绪而不是信息。因为，媒体和资本市场中的公司受政府的一定管制，来自政府的压力

---

① 数据来源于Wind数据库。

② 数据来源于中国证券登记结算有限责任公司发布的《中国结算统计月报》，2013年12月发布。

③ 数据来源：http://finance.sina.com.cn/stock/stocktalk/20131011/013016951375.shtml。

④ 具体内容详见中国证券投资者保护基金有限责任公司在2012年10月发布的《中国上市公司投资者保护状况评价报告（2011年度）》。

使得媒体倾向于报道更加乐观的公司新闻，并且有可能对公司正面新闻进行过分乐观地渲染，而不是无偏地报道公司新闻。如根据潘琼（2006）和郑涛（2010）的研究指出，财经媒体为了提高其收入，大量刊登为上市公司进行包装、推介的文章，为上市公司置办上漂亮的"行头"，使其对投资者产生了极大的迷惑作用。

第二，相比国外市场而言，媒体对中国市场投资者具有更大的影响。中国资本市场缺乏专业的投资者，即使媒体报道具有较低的信任度，但是由于投资者从媒体获取的信息成本低廉而且方便，加上投资者的非专业性，投资者依然会"相信"媒体的报道（或许这是投资者的无奈之举），出现"宁可信其有，不可信其无"和"听风是风，听雨是雨"的局面。因此，投资者一旦从媒体得知与公司相关的信息，就会采取行动，而不会贝叶斯式的理性处理该信息。这样的结果就是，媒体对投资者较之于发达国家而言具有更重要的影响。例如在 1997 年红光实业欺诈上市，一股民遭受损失之后指出，他就是因为看了媒体报道才对红光实业进行投资的[①]。从这个例子我们可以看出投资者仅仅因为看了媒体报道就进行投资决策，而非真正地了解相关信息。此外，巴伯和奥戴恩（2008）指出媒体是中小投资者的重要信息来源，这在我国以中小投资者为主的市场中，媒体的作用就显得尤为重要。

因此，通过以上分析，我们得出以下第一个假设：

假设一：媒体情绪对股票市场行为具有显著的影响。

由于中国的媒体偏向于更加乐观的"有偏报道"，那么投资者一旦认识到这个问题，就会从错误中进行学习，当媒体报道更加乐观的新闻时时，投资者就会更加谨慎地看待这样的相关报道。从而，偏向乐观的媒体情绪对投资者可能并不会有影响或者具有很小（媒体的有偏正面报道，投资者选择不相信）或者延迟（媒体报道确实是乐观信息的时候，投资者不会立即做出反映，而是会抱着

---

① 详见郑涛：《媒体报道与资本市场发展》，2010 年西南财经大学博士学位论文。

"先看一看"的心态，当事后证明确实如媒体所报道，投资者才会做出反映）的影响。由于中国制度背景的差异，当媒体报道的是负面新闻时，投资者就会选择相信［一般来说，媒体会极其谨慎地对负面新闻进行报道，往往这样的新闻具有较高的信任度，那么一旦负面新闻出现，投资者就会选择相信该新闻是真实的。而且，在现实中，我们也发现媒体（尤其是著名媒体）的负面报道基本都是真实性的］，从而立刻对该新闻做出反应，因此影响股票市场行为。由此我们提出第二个假设。

假设二：相对乐观的媒体情绪和相对悲观的媒体情绪对股票市场的影响具有显著的差异。

6.4 研究设计

6.4.1 样本选择

我们选择2007年8月至2013年5月在新浪财经的关于股市的总结评论性报道。我们承袭了泰洛克（2007）的研究方法寻找相关的总结评论性报道。我们选取新浪财经的原因在于新浪财经在中国是最有影响力的财经门户网站。新浪财经创建于1999年8月，经过近10年的发展壮大，已经成为中国最具影响力的财经门户。新浪财经在财经类网站中占有超过1/3的市场份额，始终保持绝对领先优势，市场占有率为第二名的3倍。据相关报道，新浪财经打造高端新闻资讯，深度挖掘业内信息，全程报道80%以上的业界重要会议及事件，独家率达90%，是最具影响力的主流媒体平台[1]。

---

[1] http://baike.baidu.com/link?url=9jsQBp5oZZlFcvi_iMTlmcp2F5PblcRFNaH-izRj5M3-rKFjAQytKNE4OCkIMntPRdN9mdiZPFB1LhDWmRZaPq.

我们选取样本的方法如下：第一步，通过计算机程序抓取新浪财经新闻报道标题中含有"收评"字样的新闻报道。通过这样的程序，我们一共抓取了 7121 条相关的新闻报道。第二步，由于在标题中包含"收评"的新闻报道包括了对欧美股市、亚太股市和衍生品等金融市场的"收评"。因此我们只有通过人工阅读挑选出关于中国股票市场的总结性评论报道。我们一共获得了 1418 篇报道。总结性评论报道的主要内容包括对当天股市情况的概述、当天的可能会影响股票市场的重要新闻信息和对进一步投资的建议。选择这样总结评论性媒体报道的原因在于：一是我们需要总结评论性的新闻报道，因为这样可以剔除新信息的影响。我们发现收集的媒体新闻报道基本都会在股票市场闭市后的 3～5 分钟就会在新浪财经网站上挂出来，因此这样的新闻报道几乎不可能包含新的信息。二是我们关注整个股票市场的媒体报道，才能很好地度量整个市场的媒体情绪，从而研究媒体情绪对股票市场行为的影响。我们在新浪财经抓取的相关数据正好符合我们的要求。

另外，相关的股票市场交易数据来源于 Wind 资讯数据库。

6.4.2 正负面词汇的构建和媒体情绪指数的度量

我们采用了泰洛克（2007）和劳伦和麦克唐纳德（2009）等的标准研究方法构建媒体情绪指数。本书主要从正负面词汇占整篇文章的词汇的比例来度量媒体的"悲观情绪指数"、"乐观情绪指数"和"综合悲观情绪指数"。为了计算相关的媒体情绪指数，我们首先必须做到的是采用一种科学标准的方法对文本进行分词。在本章研究中，我们采用了汉语词法分词系统（ICTCLAS）[①]。在分词

---

① 汉语词法分词系统是目前最先进的汉语分词系统之一，由中科院计算所的张华平博士等研制。先后获得了 2010 年钱伟长中文信息处理科学技术奖一等奖，2003 年国际 SIGHAN 分词大赛综合第一名，2002 年国内 973 评测综合第一名。

第6章 媒体情绪、股票市场收益率与成交量的实证研究

过程中。我们引入了作为分词的用户词典,主要有:一是《现代汉语词典》,2008年6月5日由商务印书馆出版第5版。《现代汉语词典》全书收词约65000条,基本上反映了目前现代汉语词汇的面貌,概括了当今常用的词汇。二是《最新汉英经济金融常用术语实用手册》,2006年6月1日由中国金融出版社出版第1版。《最新汉英经济金融常用术语实用手册》包含了2000余条经济金融类常用词语及相应的英文翻译,这些词汇是经济领域中不断出现带有中国特色的新词语。三是中文往往会在肯定的词前加一个否定副词,表示否定的含义。比如,最常见的就是把"不"这个字加在肯定的词前面,表示否定含义,而这一部分"联合词"不会出现在以上两个词典之中。因此,我们在《现代汉语词典》中的所有词前面加上一个"不"字形成一个新的词典,这就避免了把否定类分成肯定类的错误分类。四是把所有的上市公司名称以及他们的证券名简称也包括进去,以起到主体识别的作用,避免错误分类。因为上市公司简称是一个语义单位,如果我们不把简称包括进去,很可能会造成分词的错误。况且在我们的总结评论性新闻报道中包括了大量的上市公司简称。我们使用以上四个基本的词典对媒体报道的新闻内容进行分词。

进一步地,本章在已有研究文本情感分析——知网(HowNet)[①]的情感词和劳伦和麦克唐纳德(2009)情感词基础上,我们遵循已有的研究方法,经过删选,得到在金融市场中可能会运用到的带有明显乐观或悲观的词汇,形成一个正负面词汇词典。该词汇表包括3680个正面词汇和5930个负面词汇。

通过以上步骤,我们可以计算媒体情绪指数(包括悲观情绪指数、乐观情绪指数和综合悲观情绪指数)。具体的计算方法如下:

---

① 知网(HowNet)是由中科院计算机语言信息中心语言知识研究室开发,是国内领先的研究情感词汇的机构,包括负面情感词1254个,正面情感词836个。

$$媒体悲观情绪指数(Mood\_Neg_t) = \frac{负面词汇数量}{总词汇数量} \quad (6-1)$$

$$媒体乐观情绪指数(Mood\_Pos_t) = \frac{正面词汇数量}{总词汇数量} \quad (6-2)$$

$$综合媒体悲观情绪指数(Mood_t) = \frac{负面词汇数量 - 正面词汇数量}{总词汇数量}$$
$$(6-3)$$

其中，$Mood\_Neg_t$ 为第 t 天的悲观情绪指数，该指标度量了媒体偏向负面、消极和悲观的报道情绪；$Mood\_Pos_t$ 为第 t 天的乐观情绪指数，该指标度量了媒体偏向正面、积极和乐观的媒体报道情绪；$Mood_t$ 为第 t 天的综合情绪指数，该指标则度量了总的媒体偏负面、消极和悲观的总的指数。

6.4.3 实证模型

恩格尔伯格和帕森斯（Engelberg and Parsons，2011）强调在研究媒体对金融市场的影响时，回归模型更可能会受到内生性问题的干扰，从而会影响因果关系的推断。就我们的这一项研究而言，内生性问题主要是由于解释变量与被解释变量之间的相互作用而产生。例如，威尔德坎普（Veldkamp，2006）、巴塔查里亚（Bhattacharya）等（2009）、罗伯特·希勒（2008）等指出的一样，股票或者股票市场的异常收益往往会吸引更多的媒体关注，媒体会更加详尽和态度倾向的报道金融市场，从而使得媒体与市场指数收益率之间呈现某种程度的因果互推关系。为了解决该类问题，本章采用"领先—滞后方法"对媒体情绪与股票市场的指数收益率之间的关系进行实证分析。我们主要考察当期媒体情绪对下一期股票市场收益率和交易量的影响，具体的实证回归模型及详细的回归结果详见本书的余下部分。

6.5 实证结果与分析

6.5.1 描述性统计分析

表6-1报告了主要研究变量的描述性统计分析结果。从表6-1中我们可以看出，虽然媒体在对整个股票市场的总结评论偏乐观（$Mood$的均值为-0.0056，中值为-0.0068），但其中也不乏一些负面的、消极的、悲观的总结评论性报道（$Mood$的最大值达到了0.1116）。这同时也与我们在本文第二部分介绍制度背景时提出的中国媒体更加倾向于乐观地报道新闻信息一致。

表6-1　　　　　　　　主要研究变量描述性统计

变量	均值	中值	最大值	最小值	标准差	观测数
$Return$	-0.0003	0.0005	0.0946	-0.0773	0.0180	1418
Vol	94.7376	88.0503	275.8012	30.3125	39.3162	1418
$Mood\_Neg$	0.0600	0.0571	0.1465	0.0079	0.0244	1418
$Mood\_Pos$	0.0656	0.0647	0.1366	0.0057	0.0230	1418
$Mood$	-0.0056	-0.0068	0.1116	-0.1133	0.0410	1418
$\|Mood\|$	0.0340	0.0309	0.1133	0.0000	0.0234	1418

注：交易量（Vol）的单位为万股。

6.5.2 媒体情绪对股票市场行为影响的实证结果与分析

为了更加清晰地比较不同媒体情绪指数变量对金融市场的影

响,我们借鉴泰洛克(2007)的标准研究方法,在回归时对除虚拟变量之外的所有其他变量进行标准化处理,将他们转化为均值为0,标准差为1的标准数据。这样,运用标准化的数据进行回归的结果系数剔除了原始数据单位量纲的影响,反应的是自变量变动一个标准差会给因变量带来的变动程度。

6.5.2.1 媒体情绪对股票市场收益率的影响

为了研究媒体情绪和股票指数收益率之间的关系,我们现在对以下回归模型进行估计。我们的回归模型延续了已有研究(Tetlock, 2007; García, 2012)的标准做法。股票市场收益率满足以下回归方程:

$$Return_t = \alpha + \beta \times L_5(M_t) + \varphi \times L_5(Return_t) \\ + \vartheta \times L_5(Return_t^2) + \delta \times CV_t + \xi_t \quad (6-4)$$

其中,M_t 代表的是媒体情绪指数,$M_t = Mood\_Neg_t$ 表示代表媒体的悲观情绪指数,$M_t = Mood\_Pos_t$ 表示媒体的乐观情绪指数,$M_t = Mood_t$ 代表媒体的综合悲观情绪指数。我们借鉴已有的研究成果,把滞后期选定为5期,即 $L_5(Return_t) = \{Return_{t-1}, \cdots, Return_{t-5}\}$[①]。由于考虑到一系列的市场异象,因此我们增加了一系列的控制变量(CV_t),包括周内效应(中国市场一周之内总共有五个交易日,即周一至周五,因此我们增加了4个虚拟变量,周二为 $D_{2,t}$,周三为 $D_{3,t}$,周四为 $D_{4,t}$ 和周五为 $D_{5,t}$);第 $t-1$ 日是否为非交易日,如果是非交易日,则虚拟变量 ND_t 取值为1,否则取值为0;一月效应(M_t),即交易日是否为每年的一月,如果是则取值为1,不是则取值为0。ξ_t 是零均值误差项,但是方差可能随时间而变化。因此,我们在估计方程(6-4)时,我们报告了 White(1980)异方差稳健标准误。表6-2汇报了回归结果。

---

① 定义 $L_5(X_t) = \{X_{t-1}, \cdots, X_{t-5}\}$。

表 6-2　　　　　　　情绪对股票收益率影响回归

项目	Negative		Positive		Mood	
A. 媒体情绪变量						
	β	t 统计量	β	t 统计量	β	t 统计量
M_{t-1}	-0.0936**	-2.4147	0.0388	1.0789	-0.0874**	-2.1445
M_{t-2}	0.0119	0.3020	-0.0024	-0.0659	0.0073	0.1769
M_{t-3}	0.0070	0.1766	-0.0133	-0.3618	0.0118	0.2878
M_{t-4}	-0.0209	-0.5315	-0.0403	-1.1044	0.0136	0.3319
M_{t-5}	0.0088	0.2315	-0.0385	-1.0763	0.0330	0.8268
B. 检验						
	F 统计量	P 值	F 统计量	P 值	F 统计量	P 值
$\beta_1 = 0$	5.8309**	0.0159	1.1641	0.2808	4.5987**	0.0322
$\sum_{i=2}^{5} \beta_i = 0$	0.0145	0.9041	3.1295*	0.0771	1.0065	0.3159

注：** 代表 5% 的显著性水平，* 代表 10% 的显著性水平。

表 6-2 展示了我们对回归方程（6-4）的估计结果，t 统计量报告的是经怀特（White, 1980）异方差调整的 t 统计量。从表 6-2 我们可以发现，交易日当天的对股市的总结评论性报道中的负面词汇比例（媒体悲观情绪指数）能够预测下一个交易日的收益率。同样，综合的悲观媒体情绪指数也能预测下一个交易日的指数收益率。回归系数在经济意义和统计意义上都具有很强的显著性。但是，乐观媒体情绪指数对指数收益率并没有预测力，这与我们的假设一致。另外一个有趣的发现是，虽然乐观媒体情绪指数对下一个交易日不会有显著的影响，但是 $t-2$ 期至 $t-5$ 期对第 t 期的收益率具有显著地影响，这说明了市场对乐观情绪的并不会持续地反应，而是更加谨慎地看待乐观的报道，这就符合中国的市场特征，也与我们的假设一致。

虽然我们在上述回归中考虑异方差，但是这样的回归结果依然可能会影响我们的结论。为了解决这个问题，我们借鉴加西亚（2012）的研究方法，进一步使用 GARCH（1，1）模型调整收益率，以得到更精确的结论。我们根据以下方程估计的 GARCH（1，1）模型。

$$\begin{cases} Return_t = \mu + \xi_t \\ \sigma_{t+1}^2 = \omega + \alpha_1 \times \xi_t^2 + \beta_1 \times \sigma_t^2, \ \sigma_t^2 = Var(\xi_t) \end{cases} \quad (6-5)$$

然后使用估计得到的 $\hat{\sigma}_t$ 对收益率进行调整，具体的方式是使用收益率 $\dfrac{Return_t}{\hat{\sigma}_t}$，得到一个新的收益率（$Return_t$），回归模型如下：

$$Return_t = \alpha + \beta \times L_5(M_t) + \varphi \times L_5(Return_t) \\ + \vartheta \times L_5(Return_t^2) + \delta \times CV_t + \xi_t \quad (6-6)$$

表 6-3 汇报了回归方程（6-6）的回归结果。研究结论表明，经过 GARCH（1，1）模型调整后，依然发现媒体对股票市场收益率影响的模式没有改变，与表 6-2 得出的结论一致。即经过 GARCH（1，1）的方差严格调整后，悲观情绪指数和综合悲观情绪指数对股票市场收益率依然觉有经济意义和统计意义上的显著性。这个结论与我们没有对收益率进行调整的回归结果一致。

表 6-3　　　　　GARCH（1，1）调整的收益率回归

项目	Negative		Positive		Mood	
媒体情绪	β	t 统计量	β	t 统计量	β	t 统计量
M_{t-1}	-0.0813**	-2.0894	0.0368	1.0203	-0.0744*	-1.8232
	F 统计量	P 值	F 统计量	P 值	F 统计量	P 值
$\sum_{i=2}^{5}\beta_i = 0$	0.0031	0.9553	2.6626*	0.0930	0.7986	0.3717

注：** 代表 5% 的显著性水平，* 代表 10% 的显著性水平。

第6章 媒体情绪、股票市场收益率与成交量的实证研究

我们进行检验的第二个方法是采用分组均值检验的方法。我们依据情绪将所有样本分为三个等级，每个等级由低到高依次为30%，40%和30%，然后计算每个等级在下一个交易日的平均收益。我们可以得到表6-4所示的结果。

表6-4　　　　　　　　分组检验

项目	Negative	Return	Positive	Return	Mood	Return
M（1）	4.2940	0.1296	5.0396	0.0306	-6.8061	0.0450
M（2）	7.2926	-0.0509	8.2343	-0.0503	-0.9667	0.002
M（3）	11.5037	-0.1450	12.0210	-0.0571	5.5766	-0.1419
M（1）-M（3）	-7.2097	0.2746**	-6.9814	0.0877	-12.3828	0.1869*
t值	-64.5153	2.1447	-70.2133	0.6850	-70.5270	1.6704
p值	0.0000	0.0323	0.0000	0.4935	0.0000	0.0913

注：** 代表5%的显著性水平，* 代表10%的显著性水平。

总体上来看，媒体（综合）悲观情绪越高，股票收益率越低。媒体悲观情绪越低的组合M（1）和最高的组合M（3）之间的平均收益率差值为0.27%，在5%的显著性水平下显著。同样，综合媒体悲观情绪最低组合和最高组合的平均收益率差值在0.19%，在10%的显著性水平显著。这说明，媒体（综合）悲观情绪影响股票市场收益率。这与我们前面的研究结论一致。

因此，我们的研究证据表明，媒体情绪指数对股票市场收益率具有显著地影响，利用媒体情绪指数（媒体悲观情绪指数）可以预测下一个交易日的市场指数收益率。

6.5.2.2　媒体情绪对股票市场交易量的影响

进一步考察媒体情绪指数对股票市场交易量的影响，是考察媒体对股票市场行为影响的另一个重要内容。以前的研究认为财经媒体关注度与交易量密切相关。坎贝尔等（1993）的模型证明了为什

么悲观情绪与交易量相关。简单地说，假设悲观情绪的均值是零。悲观情绪绝对值越高意味着市场上一部分流动性交易者决定买或卖出股票。市场要保持市场均衡，做市商必须吸收这一部分股票，从而意味着异常高交易量。因此，悲观情绪绝对值越高意味着交易量越高。同样地，德朗等（1990）的模型也对当情绪的绝对值越高的时候，流动性交易者的行为做出了同样的预测。然而，科沃尔和沙姆韦（Coval and Shumway，2001）和安特韦勒和弗兰克（Antweiler and Frank，2004）研究表明悲观情绪是交易成本的代理变量，他们预测悲观情绪将会降低交易量。为了更加清楚详细地对此进行研究，我们借鉴已有的研究方法（Tetlock，2007），对以下方程进行回归：

$$Vol_t = \alpha + \beta \times L_5(M_t) + \varphi \times L_5(Vol_t) + \vartheta \times L_5(Return_t) + \delta \times CV_t + \xi_t$$

(6-7)

表6-5汇报了媒体情绪对股票市场交易量的影响的回归结果。我们的研究表明，媒体情绪对股票市场的交易量具有一定的预测力。证据表明，悲观的媒体情绪是交易成本的代理变量。因为我们的回归结果表明，负面词汇比例和综合的负面词汇比例在第 $t-1$ 期对第 t 期的交易量具有显著为负的影响。因此，我们不能排除媒体悲观情绪是交易成本的代理变量。

表6-5　　　　　媒体情绪对交易量的影响回归结果

项目	Negative		Positive		Mood		|Mood|	
	β	t 统计量	β	t 统计量	β	t 统计量	β	t 统计量
M_{t-1}	-0.0481 ***	-2.67	0.0094	0.56	-0.0421 **	-2.21	0.0678 ***	3.03
M_{t-2}	-0.0054	-0.29	-0.0008	-0.05	-0.0084	-0.44	-0.0788 ***	-3.51
M_{t-3}	0.0036	0.19	0.0051	0.30	-0.0065	-0.34	0.0027	0.12
M_{t-4}	-0.0123	-0.67	-0.0115	-0.67	-0.0049	-0.26	-0.0050	-0.22
M_{t-5}	-0.0028	-0.15	0.0209	1.25	-0.0197	-1.04	-0.0038	-0.17

注：*** 代表1%的显著性水平，** 代表5%的显著性水平。

但是，另一方面我们研究结果表明，综合媒体负面词汇比例是情绪的测度。这个证据支持了坎贝尔等（1993）和德朗等（1990）的理论，悲观媒体情绪的绝对值越大，下一个交易日的交易量越大。综合悲观媒体情绪指数绝对值越高说明了市场投资者对股市的乐观或者悲观的看法具有较大的差异，这可以解释为高的综合媒体悲观情绪绝对值是噪声交易者和理性交易者意见分歧的代理变量，从而会导致下一个交易日的交易量的增加。

6.5.2.3 信息 V. S. 情绪

正如席勒（2008）和泰洛克（2007）研究表明的一样，我们认为我们构造的媒体情绪指标是不可能与交易者不知道的基本面信息相关。但是，有读者会认为按照新浪财经的总结评论性数据构建的正负面词汇比例有可能传递了新的信息。因为，毕竟该数据是在股市的每个交易闭市之后才进行写作，在这段时间有可能有新的信息出现。因此，本章接下来部分就集中研究媒体情绪指数究竟是反映了情绪还是信息。

我们对此进行研究的方法（García，2012）是研究媒体情绪指标的变化。我们主要通过研究收益对我们构建的媒体情绪指数的影响，从而研究媒体情绪指标是信息还是情绪。我们这样做的理由在于如果我们通过当天的收益能够预测当天的媒体情绪指数，并且媒体情绪指数能够预测下一个交易日的收益，那么媒体情绪指数就是情绪而非信息，因为当天的收益是公开可得，按照有效市场理论这并不能预测下一个交易日的收益。我们的回归模型如下：

$$M_t = \alpha + \varphi \times Return_t + \beta \times L_5(M_t) + \varphi \times L_5(Return_t) + \delta \times CV_t + \xi_t$$

$$(6-8)$$

表6-6中的Panel A报告了媒体情绪指数对原始上证综指收益率的反映。正如我们预期的一样，指数收益率在预测媒体情绪指标上具有很重要的作用。正的收益率将增加正面词汇的比例和降低负面词汇的比例。有趣的是，收益率在预测媒体情绪指标的乐观情绪指数具有持续性，而在预测悲观情绪指数和综合悲观情绪指数方面

并没有持续性。

表6-6　　　　　　　　收益对媒体情绪指数的影响

项目	Negative		Positive		Mood	
Panel A 原始收益率						
	ϕ, φ	t统计量	ϕ, φ	t统计量	ϕ, φ	t统计量
R_t	-0.6353***	-34.4642	0.6111***	30.7546	-0.7231***	-41.2747
R_{t-1}	0.0143	0.5713	-0.0611**	-2.3885	0.0004	0.0149
R_{t-2}	0.0309	1.2385	-0.0234	-0.9171	-0.0078	-0.3026
R_{t-3}	0.0224	0.9005	-0.0494	-1.9400	0.0029	0.1137
R_{t-4}	0.0078	0.3144	-0.0686***	-2.7005	0.0262	1.0193
Panel B 经GARCH (1, 1) 调整后的收益率						
	ϕ, φ	t统计量	ϕ, φ	t统计量	ϕ, φ	t统计量
R_t	-0.6425***	-35.2127	0.6251***	31.9954	-0.7356***	-42.9157
R_{t-1}	0.0085	0.3406	-0.0474*	-1.8476	-0.0144	-0.5534
R_{t-2}	0.0399	1.6055	-0.0418	-1.6437	0.0099	0.3817
R_{t-3}	0.0292	1.1752	-0.0766***	-3.0103	0.0246	0.9506
R_{t-4}	0.0097	0.3920	-0.0555**	-2.1868	0.0241	0.9372

注：*** 代表1%的显著性水平，** 代表5%的显著性水平，* 代表10%的显著性水平。

表6-6中的Panel B报告了收益率经GARCH (1, 1,) 调整后的回归结果。我们得到了与Panel A同样的结论。我们发现，当天的股票市场收益有助于预测当天的总结评论性新闻。因此，从某种程度上来说，我们的证据表明，信息已经反映在当天的市场中，从而我们所计算的媒体情绪指标更可能是情绪而非信息。

同时，我们在上一部分的研究中就指出，媒体情绪指数是情绪的代表。因为我们的研究证据表明，异常的媒体情绪会导致大量的交易。因为，如果媒体情绪反映信息，那么就不会有交易量从而直接会推动股价上涨或者下跌。即如果媒体情绪反映信息，那么我们就不会看到媒体情绪对交易量的显著影响。

因此，我们的研究证据表明我们构建的媒体情绪指标并非信息，而是投资者情绪的代理变量。

为了进一步证明我们构建的媒体指数反映了情绪而非信息，因此必须要把信息的影响剔除。我们的研究方法是重新计算了上证综指的指数收益率，其计算时间区间为每日的9:35~15:00。我们采用新的收益率对媒体指标进行方程（6-4）的回归，回归结果见表6-7。

表6-7　　　　　　　　方程（6-4）回归结果

项目	Negative		Positive		Mood	
Panel A 媒体情绪变量						
	β	t统计量	β	t统计量	β	t统计量
M_{t-1}	-0.1195***	-2.95	0.0813**	2.24	-0.1312***	-3.20
M_{t-2}	0.0127	0.32	-0.0155	-0.45	0.0118	0.30
M_{t-3}	0.0111	0.31	-0.0009	-0.02	0.0039	0.11
M_{t-4}	0.0036	0.10	-0.0237	-0.69	0.0154	0.41
M_{t-5}	0.0220	0.57	-0.0398	-1.17	0.0390	1.01
Panel B 检验						
	F统计量	P值	F统计量	P值	F统计量	P值
$\beta_1 = 0$	8.72***	0.0032	5.01**	0.0253	10.25***	0.0014
$\sum_{i=2}^{5}\beta_i = 0$	0.20	0.9364	0.80	0.5269	0.40	0.8105

注：***代表1%的显著性水平，**代表5%的显著性水平。

由表6-7我们发现，即使考虑信息的反应时滞，剔除了5分钟的收益率，我们发现我们构建的媒体指标对于收益率具有显著的预测力，并且在经济意义和统计意义上都具有显著性。这就更加充分地说明了我们构建的媒体指标反映了情绪而非信息。

6.6
稳健性检验

我们有理由怀疑媒体情绪在股票市场的不同时期是不一致的，例如股票市场在熊市和牛市的区别，一个明显的例子就是，许多经济学家和业界人士都认为中国股市在2006~2007年间的牛市，股票市场被称之为"非理性繁荣"。在这个假设下，我们把样本划分为两部分，以我们样本期内的2008年1月15日最高点为基础划分样本，在每个样本期内计算媒体情绪，重复上述回归。由于数据的限制，我们第一个子样本过小，而第二个子样本与全部样本相比较，几乎没有什么区别。结果显示，这个分析不会对我们的结论产生实质性的影响。

6.7
本章小结

本章在已有研究的基础上，首先运用计算机自然语言处理和文本分析方法，贡献了一个适用于中国金融市场的正负面词汇词典，以用于测度媒体情绪指数，进一步分析了媒体情绪指数对股票市场指数收益率和交易量的影响。本章主要有以下两方面的贡献：

第一，首次构建了一个适用于中国金融市场的正负面词汇词典。利用该词典，我们可以计算媒体的情绪指数，以研究媒体情绪指数对中国金融市场的影响。这同时也解决了以往的研究利用人工阅读的主观性缺陷,能够更加客观、标准化地衡量媒体情绪。

第二,利用上述构建的媒体情绪指数进一步考察了其对中国金融市场的影响,我们主要研究了其对股票市场收益率和交易量的影响。运用2007年8月至2013年5月新浪财经的总结评论性新闻报道计算其媒体情绪指数,主要包括悲观媒体情绪指数、乐观媒体情绪指数和综合悲观媒体情绪指数。接下来,利用该情绪指数研究了其对股票市场收益率和交易量的影响。研究结论表明,当媒体情绪越悲观,下一个交易日的收益率越低,这与我们的假设和国际股票市场的研究一致。一个令人感兴趣的发现是,现有研究文献表明,乐观情绪指数对下一个交易日股票市场收益率也有显著地影响,但是我们的研究却表明,乐观情绪指数对下一个交易日并没有显著地影响,但是第 $t-2$ 日至 $t-5$ 日的乐观情绪指数联合对第 t 日的收益率具有显著地影响,原因是由于中国媒体市场的差异化制度背景造成的。这正如前文指出的一样,由于中国媒体的非市场化,媒体在报道悲观信息的时候持有非常谨慎的态度,但是在报道乐观信息的时候,媒体会更加随意或者夸大该类信息,投资者在意识到这样的情况以后,就会更加谨慎地看待媒体报道的乐观信息,从而会导致上述的结论。

当然,本章研究也存在一些不足,这也是进一步改进的方向。一是我们对中国股市的研究时间过短。这是由于数据的获得性造成的,我们暂时无力解决,希望在接下来的研究中,我们能够采用一定的技术突破这个限制,以拓展研究周期,以便更好地考察媒体情绪对股票市场的影响。二是我们构建的正负面词汇表在接下来的研究中可能还需要进一步的精确,以使得更加适用于中国的金融市场。尽管我们研究人员尽可能地考察了词汇的情感态度,但是仍然可能会存在不可避免的错误。毕竟这是第一次尝试,在后续研究中,我们将会更加注重这个问题。

基于以上的实证发现,本章的研究启示在于:我们应该而且必须从更加广阔、全面的视角重新审视新闻媒体在中国金融市场中的作用。不可否认,在已有研究中,媒体在降低信息不对称从而作为"第四权利"方面的文献已经逐渐积累了许多。然而,在现代社会中,媒体在进行新闻报道时往往会过度报道、标新立异和哗众取宠,以吸引受众者的目光,会对投资者产生误导,从而引发非理性的市场情绪和投资行为。因此,在看到媒体存在积极作用的同时,我们也必须注意到新闻媒体对金融市场可能存在的负面影响。只有这样,我们才能全面、彻底地理解媒体在金融市场中的运行作用。

第7章

媒体情绪与个股横截面收益的实证研究

7.1 引言

在有效市场中,资产价格取决于其内在价值,资产价格完全充分地反映了其相关信息。在标准的金融学理论中,投资者是理性的,不会受到诸如情绪的影响。然而,现有的许多研究都表明,投资者情绪对资产价格具有非常重要的影响(Shiller, 1981; Fisher and Statman, 2000)。特别是在牛市的顶峰时期或者在熊市的低估时期,投资者情绪对资产价格的影响程度远远超过了公司基本面因素的影响,约占到60%。因此,研究投资者情绪对资产价格的影响就显得尤为重要。

一个重要的问题就是如何度量投资者情绪。现有研究主要是通过客观指标或者主观指标对投资者情绪加以度量。客观的投资者情绪指标主要是通过对金融市场中的交易数据进行处理而得到,例如封闭式基金折价率、IPO发行量及首日收益、交易量等。而主观指标则主要是通过对投资者的调查问卷直接调查投资者对金融市场未来走势的看法，例如央视看盘指数、投资者信心指数和好淡指数等。这些投资者情绪指标都在一定程度上反映了投资者情绪。本章则从另一个视角来度量投资者情绪，即媒体情绪。在现代社会中，媒体对人类的影响越来越大，没有人能够超出于媒体的影响之外。电视、报纸、杂志和移动互联网等媒体对投资者的影响也越来越大，因为在金融市场中，媒体在传递信息方面具有无可比拟的优势，并且随着资本市场的发展，投资者也需要这些专业的财经媒体。因此，投资者必定会受到媒体的影响，从而影响投资者行为，最终影响资产价格。现有研究已经证明了这一点，如方和佩雷斯（2009）研究媒体关注度对股票收益的影响，泰洛克（2007，2008）、劳伦和麦克唐纳德（2009）和加西亚（2012）等研究了媒体语言语气（媒体情绪）对股票收益的影响。这些研究都表明媒体情绪对股票市场有着极其重要的作用。

7.2

文献回顾

财经媒体对资本市场的影响主要有两点：一是作为"第四权利"的外部监督；二是作为信息的传播。按照传统的新闻价值观，媒体应该不偏不倚、客观地对新闻进行报道。但是，现有研究表明，媒体一是具有意识形态的倾向（Knight and Chiang，2008；Durante and Knight，2010；等等），二是媒体具有吸引读者、维护自身利益的倾向（Baron，2005；Mullanaithan and Shleifer，2005；Gentzkav and shapiro，2006）。进一步来说，由于媒体报道是由具有人类情感的记者所撰写，他们在撰写新闻稿件的过程中，不可避免地会带有自身的态度、情感等，现有的研究文献也表明不同的媒体记者所撰写的新闻报道对金融市场的影响并不一致（Dougal et al.，2011）。总的说来，一方面，媒体存在偏见（Mullainathan and Shleifer，

2005),这种偏见可能导致媒体在对同样的新闻报道时,做出不同的裁减和取舍,从而呈现出不同的态度倾向;另一方面,媒体为了吸引大众或者受记者本身态度情感的影响,在进行新闻报道时就往往会倾注感情色彩,通过对新闻的过分渲染或者修饰,使得新闻变得能够引人入胜(罗伯特·希勒,2008)。因此,当媒体对上市公司或者其股票相关性信息进行报到时,就会传递出对公司未来的收益和风险持或乐观或者悲观的态度,这就是本部分所考察的"媒体情绪"。

在标准的金融学理论中,投资者情绪应该不会反映在资产价格之中。即使资产价格反映了投资者情绪,那么套利者也会进一步推动价格向其内在价值回归。但是,事实上,市场中由于交易成本、卖空限制等摩擦的存在,这就阻止了套利的实现,从而投资者情绪可以影响资产价格(Black,1986;Shleifer and Vishny,1997)。媒体情绪可视为投资者情绪的代理指标,因此媒体情绪对资产价格具有重要的影响。

在现有研究文献中,与本书最有密切关系的主要有以下几篇论文。我们在此做一个简要的介绍,详细的内容已经在第2章的文献综述部分进行了回顾。拉金和赖安(Larkin and Ryan,2008)使用新闻分类法,把新闻分成负面、正面和中性,研究表明这样分类得出媒体情绪对股票价格存在显著的影响。但是,现有文献研究中更为常用的是采用关键词计算媒体情绪[①]。比如,泰洛克(2007)首次采用定量方法计算了媒体悲观情绪指数与股指收益率之间的关系。研究结论表明,媒体情绪指数与道琼斯指数收益之间存在着显著地相互影响的作用。依据坎贝尔等(1993)和德朗等(1990)的相关理论,研究结论证明了悲观情绪指数传递的并非是信息而是市场情绪。泰洛克等(2008)进一步将媒体情绪的该种分析方法拓展到预测个股收益的层面。结论同样表明,媒体情绪指数对于个股横截面收益具有一定的预测力。然而,劳伦和麦克唐纳德(2009)

[①] 计算方法主要是计算负面词汇在一篇新闻报道中的比例或者加权负面词汇在新闻报道中的比例。

认为,泰洛克(2007)以哈佛心理学词典的负面词汇清单计算的金融报道中的负面词汇具有很大的偏差。因此,他们在泰洛克研究的基础上,改进了用于测算媒体情绪的词汇清单,发展了一个新的词汇清单①。进一步地,利用该词汇清单测度了媒体的情绪,研究了其与股票收益的关系。研究结论表明,一是利用新的词汇清单能更好地预测股价走势;二是利用加权的方法对股价走势具有更好的预测力。加西亚(2012)进一步研究证实了媒体情绪在不同经济周期(经济衰退和经济扩张)对收益具有显著的不同影响,并考察了情绪在不同交易日的显著影响(比如周一效应)。

令人遗憾的是,国内学者对媒体情绪影响资产价格的研究还很缺乏。游家兴和吴静(2012)采用人工阅读法首次构建了一个衡量中文媒体情绪的指标,在此基础上对媒体情绪和资产误定价的关系进行了细致考察。研究表明,新闻媒体情绪对资产误定价具有显著地影响。这个研究开创对于中国市场的媒体情绪对股票收益的影响,但是这个研究存有很多缺陷,一是通过人工阅读的方式,费时费力,成本较高;二是人工阅读判断新闻报道的媒体情绪,可能产生误差,使得本书研究的可重复性大大减弱;三是由于上述的缺陷,使得利用大样本的研究可能并不可行。本书都在一定程度上解决了上述的问题,并且首次系统地使用大样本考察了中国市场中媒体情绪对个股收益的影响。

7.3
制度背景和研究假设

我们在第 5 章指出由于中国资本市场和媒体市场的特殊性,从

---

① 该词汇清单包括六大系列,它们分别是负面性(2337 个词)、正面性、诉讼性、不确定性、弱语气性和强语气性系列。

第7章 媒体情绪与个股横截面收益的实证研究

而使得现有以欧美等发达国家资本市场为背景的研究结论并不适用于中国。因此我们需要对此进行进一步的研究。由于我们在第5章已经详细地讨论了中国资本市场与媒体同国外发达国家的资本市场与媒体的差异，我们在此仅简要对此进行概述，详细的内容请参见本论文第5章的制度背景部分。一是就资本市场的差异而言，发达国家资本市场经过百年的发展，拥有较为成熟的资本市场；同时以私有制为主体，政治对资本市场的公司而言并没有多大的控制力。而中国的资本市场只不过区区二十几年的发展，在资本市场的制度建设方面还很不健全，上市公司中存在大量的国有性质的企业，政府对资本市场有着广泛并且重要的影响，而且资本市场出现经常性的"乱象丛生"。二是发达国家拥有自由的媒体，而中国的媒体相对受管制的，因此媒体对金融市场的作用可能有差别。三是发达国家具有很好的投资者保护和专业的投资者，而这方面中国则十分的缺乏。

我们结合现有研究文献和中国的制度背景可以提出以下假设：

假设一，媒体情绪个股的收益具有显著的影响。

由于中国媒体市场的管制，使得媒体在报道上市公司的负面新闻的时候会格外的小心谨慎，一旦媒体报道上市公司新闻的时候，就说明已经有了十足的证据，否则就会招来极大的麻烦。另外，由于在上市公司中，存有大量的国有企业，这些企业归属于中央政府国务院国有资产监督管理委员会，或者归属于地方国资委，最终的终极控制人实际上是政府。因此，对于负面的新闻会受到政府的压力而不敢报道或者不敢大肆地报道。由于上述原因的存在就会使得媒体在报道上市公司的新闻的时候会更加偏向于正面报道。投资者显然会认识到这些问题的存在，因此，相对于正面的媒体情绪而言，投资者会对负面媒体情绪做出更强的反应。我们做出以下的研究假设：

假设二，相对于乐观的媒体情绪而言，悲观的媒体情绪更能够影响股票的收益。

我们指出在中国上市公司中有着大量的国有企业。中国财经媒体主要有两类，一类是行政主导的官媒，另一类是市场化主导的民间舆论。针对前一种媒体，国有企业只需靠政治压力施压，而后者则通过司法或者资本的力量解决问题。一般来说，财经媒体对国有企业的正面新闻进行大肆的报道，并不会引起国有企业的反感，相反能够获得国有企业的青睐。但是，由于各种原因，财经媒体报道国有企业负面新闻的代价较高，而不得不慎重选择报道国有企业的负面新闻。例如，根据陈志武教授的总结，当财经媒体与上市公司发生冲突时，财经媒体一审的败诉率是63%，而美国约为9%[①]。最近发生的国家电网投资花费2.1亿元投资财经媒体，使得财经媒体对国家电网的负面报道基本销声匿迹[②]。因此，一旦媒体报道国有企业的负面新闻，那就说明财经媒体已经掌握了十足的证据。因此，我们提出以下假设：

假设三，乐观媒体情绪对国有性质企业的影响要小于乐观媒体情绪对非国有性质企业的影响。相反，悲观媒体情绪对国有性质的影响要大于悲观媒体情绪对非国有性质的影响。

加西亚（2012）的研究证明了媒体情绪在不同的经济周期中，具有不同的影响。罗伯特希勒（2007）也指出在股市的繁荣期，财经媒体就会大肆地传播着有关股市的一切利好消息，而忽略掉许多与股市有关的负面信息。在股市的萧条时期，财经媒体又会放大负面信息，而"忽略"利好消息。因此，我们预测媒体情绪在不同市态（牛市和熊市）中对股票收益的影响机制是不同的。因此，我们提出以下假设：

假设四，在牛市中，乐观媒体情绪对股市的影响要大于在熊市中乐观媒体情绪对股市的影响。相反，在熊市中，悲观媒体情绪对

[①] 陈志武：《媒体、法律与市场》中国政法大学出版社2005年版，第83页。

[②] http://finance.sina.com.cn/chanjing/gsnews/20140218/142318251161.shtml?bsh_bid=35148588782466474.

股市的影响要大于在牛市中悲观媒体情绪对股市的影响。

7.4
样本数据选择和研究方法

7.4.1 样本数据的选择

媒体情绪数据来源于中国证券监督管理委员会指定上市公司发布信息的"七报一刊"中的《中国证券报》、《证券时报》、《上海证券报》、《金融时报》和《证券市场周刊》五份报刊。我们在前文中指出，《中国证券报》、《证券时报》和《上海证券报》已经包含了绝大多数的上市公司发布的新闻信息，因此数据不完整的其余三份报刊对我们的分析，并不会有太大的影响。由于考虑到媒体样本数据的完整性[①]，我们的研究样本区间为 2002 年 1 月至 2011 年 12 月，研究样本为沪深两市的所有 A 股，所有的市场交易数据均来自于国泰安数据库和锐思数据库。选取此期间合理性的一个原因在于该区间包了完整的股市牛市和熊市，这就为我们考察在不同时期媒体情绪的影响提供了足够的样本。我们选取的数据均为月度数据，对于一些财务数据我们则采用上一年末的年报公布的数据为准。

在个股的选择上我们遵循以下标准：一是样本股票必须具有 1 年的上市日，这样做的目的是为了避免新上市的股票的 IPO 效应对资产价格的影响；二是我们剔除了所有的 ST 或者 PT 股票，其原因在于这样的股票的交易和价格具有特殊性，不一定具有我们所要研究的基本特征；三是我们提出了所有的金融类上市公司的股票。

[①] 我们只有 2002 年 1 月 1 日至 2011 年 12 月 31 日完整的媒体样本数据。

7.4.2 研究方法的说明

首先,我们采用资产组合的方法分别考察乐观媒体情绪和悲观媒体情绪对股票收益的当期影响。我们这样做的目的是为了说明媒体情绪对股票收益具有重要的影响。其次,我们运用 CAPM 回归模型和法马-弗兰奇三因素模型对此进行横截面回归,考察经风险调整之后,媒体情绪对股票收益是否还具有显著的影响。最后,我们利用回归分析的方法考察媒体情绪对于下期收益的预测力。通过上述三步,我们最终完成媒体情绪对个股收益影响的研究。

在此,我们需要说明的是媒体情绪的测度。对单篇的新闻报道而言,我们仍然采用第 5 章中提到的三个计算媒体情绪的公式基础上简化为两个媒体情绪公式。我们这样做的理由:一是我们已经在第 6 章中用证据证明了负面媒体情绪对股票市场收益率和成交量均具有显著的影响;二是为了更好地度量其中,计算媒体情绪的正负面词汇在本论文第 3 章已经做了详细的说明。其计算公式如下:

$$乐观媒体情绪指数(Pos_{i,t}) = \frac{正面词汇数量}{总词汇数量} \quad (7-1)$$

我们在第 5 章的研究中指出悲观媒体情绪指标能够更好地预测股票市场的收益率,我们为了更好地度量悲观媒体情绪指标,我们借鉴加西亚(2012)的研究成果定义悲观媒体情绪指标公式为:

$$悲观媒体情绪指数(Neg\_Pos_{i,t}) = \frac{负面词汇数量-正面词汇数量}{总词汇数量}$$

$$(7-2)$$

其中,$Pos_{i,t}$ 为第 i 只股票在第 t 天的乐观情绪指数,该指标度量了媒体偏向正面、积极和乐观的媒体报道情绪;$Neg\_Pos_{i,t}$ 为第 i 只股票在第 t 天的悲观情绪指数,该指标则度量了总的媒体偏负面、消极和悲观的总的指数。由于我们需要的是月度的媒体情绪指数，因此，我们参照加西亚（2012）[①]的做法，把每一个公司在一个月之内的所有报道的单个媒体情绪指数进行加总，从而得到月度的媒体情绪指标。

7.5 实证结果与分析

7.5.1 变量的描述性统计分析

表 7-1 主要报告了相关研究变量的主要描述性统计分析。Panel A 是乐观媒体情绪指标的描述性统计分析，Panel B 是悲观媒体情绪指标的描述性统计分析。从表 7-1 我们可以发现，乐观媒体情绪指标在中国股市的 2006~2007 年达到最高值，均比其他时间高，在 2006 年 12 月乐观媒体情绪指标为 1.7954，在 2007 年 12 月乐观媒体情绪指标为 1.6984。这段时间也正好是中国股市的繁荣时期，这就与罗伯特希勒所指出的一样，在股市的牛市时期，更能够吸引新闻媒体的乐观报道。我们通过 Panel B 的分析，我们发现，悲观媒体情绪均小于零，这就证实了我们在推测，在中国市场中，媒体更倾向于使用正面词汇报道上市公司的新闻信息。从全部样本来看，悲观媒体情绪的指标为 -0.4219，这样充分说明了财经媒体在进行新闻报道时，均更倾向于使用正面词汇。以上这些证据都充分表明了由于中国媒体和资本市场的特殊性，中国的财经媒体倾向于报道正面新闻，或者说本身是负面新闻，但是更倾向于在其中使用正面词汇，使得新闻由"坏"变"好"。从描述性统计分析来看，我们就可以推测，由于投资者会认识到这些问题，从而对乐观媒体情绪的反应与对悲观媒体情绪的反应应该不具有对称性。我们在后文的实证分析中将会对此进行详细的研究。

[①] 加西亚（2012）只是在时间上对媒体情绪进行加总。

表 7-1　媒体情绪指标描述性统计

项目	2002/01	2002/12	2003/12	2004/12	2005/12	2006/12	2007/12	2008/12	2009/12	2010/12	2011/12	全部样本
Panel A 乐观媒体情绪指标描述性统计分析													
均值	1.0386	1.0804	1.2718	1.1773	1.4239	1.7954	1.6984	1.2729	1.3324	1.1143	0.7606	1.2269
中位数	0.3507	0.3795	0.3983	0.3338	0.4530	0.5080	0.5230	0.3591	0.4160	0.2954	0.1892	0.3835
最小值	0.0000	0.0000	0.0000	0.0000	0.0000	0.0000	0.0000	0.0000	0.0000	0.0000	0.0000	0.0000
最大值	151.1384	160.4493	169.9199	182.8948	219.4784	276.4589	281.1806	255.6346	262.5766	235.3446	201.9882	332.8081
标准差	6.1118	6.2821	6.8225	6.8920	7.9873	10.0652	9.7668	8.3227	8.3057	7.4206	5.7010	7.4224
Panel B 综合悲观媒体情绪指标描述性统计分析													
均值	0.0050	-0.3297	-0.5904	-0.3440	-0.5950	-1.0367	-0.7755	-0.2083	-0.6244	-0.4110	-0.0001	-0.4219
中位数	-0.0060	-0.1101	-0.1941	-0.1141	-0.1989	-0.3016	-0.2538	-0.0702	-0.2107	-0.1271	-0.0067	-0.1274
最小值	-5.0262	-43.9655	-67.7111	-46.8638	-84.2091	-140.6250	-108.1668	-22.6894	-106.0437	-79.2969	-23.3245	-151.2471
最大值	12.1816	1.9460	0.7754	1.2240	0.5302	0.1290	0.3361	5.4397	0.4422	1.5724	8.7161	25.8332
标准差	0.6871	1.7768	2.8545	1.8848	3.2101	5.3195	3.9551	1.1442	3.4779	2.6557	0.7756	2.6008
观测值	650	690	740	802	898	928	971	1081	1159	1218	1543	115793

第 7 章 媒体情绪与个股横截面收益的实证研究

我们考察媒体情绪对股票收益的影响,必须选取一系列的控制变量。我们选取控制变量的原则,是在以往研究中已经反复检验的经典的影响因素,例如法马-弗兰奇的三因子。此外,我们对中国资本市场的特殊性的制度特征进行了描述性统计分析,例如流通股比例等。表7-2汇报了这一系列控制变量的描述性统计分析。

表7-2　　　　一系列控制变量的描述性统计分析

变量	均值	中位数	标准差	最小值	最大值	75%分位数	观测值
贝塔(Beta)	0.99	0.99	0.36	-1.68	4.08	1.21	106678
市值(MV)	0.08	0.03	0.51	0.00	51.04	0.06	134604
市价账面比(MB)	4.48	3.31	4.32	0.35	117.06	5.16	131239
流通股本比例(CSR)	52.29	46.18	23.79	6.80	100.00	66.01	124407

7.5.2 投资组合分析

投资组合分析法是研究实证资产定价常用的方法之一,其原理在于根据某一个或者某一些感兴趣的变量将所研究的样本股票进行排序分组,形成不同的资产组合,考察不同资产组合的持有期收益率是否具有显著的差异。投资组合的分析方法的优势在于:在控制其他变量的影响下,通过感兴趣的变量形成资产组合,考察其相关持有其收益,不仅可以研究线性关系还可以研究非线性关系。本书在这一部分则采取投资组合的研究方法,分别考察不同的媒体情绪对股票收益的影响。在本章的接下来这一部分,我们将控制公司的特征,如规模、市值账面比、贝塔值、当月收益和前一个月收益,从而考察不同的媒体情绪对股票横收益的影响。每一个月,首先我们分别按照公司规模、市值账面比、贝塔值和前一个月的收益的大小等分为5组,其次在每一个规模组按照媒体情绪的大小等分为5组,因此,每一个月将股票等分为25组,构成了5×5的矩阵,然后计算每一个股票组合在当月的等权重平均收益,每个组合总共将会得到120个月的收益,最后在时间序列上进行平均,得到25个资产组合的平均收益。我们的研究结果在表7-3进行了详细地汇报。

表7-3　按照规模和媒体情绪分组,计算资产组合的收益

项目	MV1	MV2	MV3	MV4	MV5
Panel A 按照规模和乐观媒体情绪构建资产组合					
$Pos1$	-0.0076	-0.0058	-0.0032	-0.0007	0.0036
$Pos2$	-0.0078	0.0024	0.0016	0.0077	0.0136
$Pos3$	-0.0032	0.0040	0.0119	0.0174	0.0251
$Pos4$	0.0049	0.0204	0.0228	0.0277	0.0353
$Pos5$	0.0173	0.0392	0.0446	0.0553	0.0449
$Pos1-Pos5$	-0.0249*	-0.0450***	-0.0478***	-0.0560***	-0.0413***
T	-1.7242	-3.1245	-3.4095	-4.1113	-3.0830
Panel B 按照规模和悲观媒体情绪构建资产组合					
Neg_Pos1	0.0222	0.0418	0.0482	0.0600	0.0604
Neg_Pos2	0.0065	0.0216	0.0240	0.0309	0.0384
Neg_Pos3	-0.0021	0.0064	0.0111	0.0182	0.0213
Neg_Pos4	-0.0068	-0.0003	0.0027	0.0067	0.0076
Neg_Pos5	-0.0165	-0.0096	-0.0092	-0.0085	-0.0063
$Neg\_Pos1-Neg\_Pos5$	0.0387***	0.0514***	0.0574***	0.0686***	0.0668***
t	2.6224	3.5424	4.0699	5.0009	4.9472

注:***代表1%的显著性水平,*代表10%的显著性水平。

我们首先按照公司规模(市值)由低到高分为5组,在每一个规模组,其次分别按照乐观媒体情绪和悲观媒体情绪由低到高分为

第 7 章 媒体情绪与个股横截面收益的实证研究

5 组，每个月形成 25 个资产组合。我们计算每一个资产组合的平均收益，最后再在时间上进行平均。表 7-3 中的 Panel A 汇报了在控制规模的情况下，乐观媒体情绪对股票收益的影响。我们研究发现，在控制规模的情况下，乐观媒体情绪越高，其收益越高。最高乐观媒体情绪和最低乐观媒体情绪的月平均收益差值在 0.0249~0.056 之间，除了最低规模组在 10% 显著以外，其余的都在 1% 显著。表 7-3 中的 Panel B 汇报了在控制规模的情况下，悲观媒体情绪对股票收益的影响。我们发现在控制规模的情况下，悲观媒体情绪越高，资产组合的收益就越低。最高悲观媒体情绪和最低悲观媒体情绪的月平均收益差值在 0.0387~0.0686 之间，均在 1% 的水平上显著。此外，我们的研究发现，在控制规模的情况，最高悲观媒体情绪和最低悲观媒体情绪的月平均收益差值均高于最高乐观媒体情绪和最低乐观媒体情绪的月平均收益差值，这就从某种程度上说明了，市场对悲观媒体情绪的反应要大于乐观媒体情绪的反应。

我们首先按照公司市值账面比由低到高分为 5 组，在每一个规模组，其次分别按照乐观媒体情绪和悲观媒体情绪由低到高分为 5 组，每个月形成 25 个资产组合。我们计算每一个资产组合的平均收益，最后再在时间上进行平均。表 7-4 中的 Panel A 汇报了在控制市值账面比的情况下，乐观媒体情绪对股票收益的影响。我们研究发现，在控制市值账面比的情况下，乐观媒体情绪越高，其收益越高。最高乐观媒体情绪和最低乐观媒体情绪的月平均收益差值在 0.0187~0.0638 之间，除了最低市值账面比组不显著和在第 2 低的市值账面比规模组在 5% 显著以外，其余的都在 1% 显著。表 7-4 中的 Panel B 汇报了在控制市值账面比的情况下，悲观媒体情绪对股票收益的影响。我们发现在控制市值账面比的情况下，悲观媒体情绪越高，资产组合的收益就越低。最高悲观媒体情绪和最低悲观媒体情绪的月平均收益差值在 0.0297~0.088 之间，均在 1% 的水平上显著。此外，我们的研究发现，在控制市值账面比的情况下,最高悲观媒体情绪和最低悲观媒体情绪的月平均收益差值均高于最高乐观媒体情绪和最低乐观媒体情绪的月平均收益差值,并且在控制了市值账面比的情况下,悲观媒体情绪的月平均收益差值均显著,而乐观媒体情绪的月平均收益差值部分显著,这就从某种程度上说明了,市场对悲观媒体情绪的反应要大于乐观媒体情绪的反应。

表7-4 按照市值账面比分组形成资产组合,计算其平均收益

项目	MB1	MB2	MB3	MB4	MB5
Panel A 按照规模和乐观媒体情绪构建资产组合					
$Pos1$	-0.01147	-0.00705	-0.00473	0.001676	0.007508
$Pos2$	-0.00567	-0.00355	0.001087	0.008989	0.014326
$Pos3$	-0.0027	0.003597	0.012098	0.020301	0.03022
$Pos4$	0.004681	0.012539	0.022479	0.035776	0.048328
$Pos5$	0.007212	0.022117	0.034946	0.048462	0.071317
$Pos1 - Pos5$	-0.0187	-0.0292 **	-0.0397 ***	-0.0468 ***	-0.0638 ***
T	-1.3326	-2.1438	-2.8544	-3.4346	-4.4881
Panel B 按照规模和悲观媒体情绪构建资产组合					
Neg_Pos1	0.0135	0.0288	0.0429	0.0573	0.0842
Neg_Pos2	0.0044	0.0130	0.0243	0.0343	0.0477
Neg_Pos3	-0.0015	0.0025	0.0092	0.0195	0.0294
Neg_Pos4	-0.0081	-0.0032	0.0010	0.0093	0.0146
Neg_Pos5	-0.0161	-0.0142	-0.0111	-0.0050	-0.0038
$Neg\_Pos1 - Neg\_Pos5$	0.0297 **	0.0430 ***	0.0540 ***	0.0624 ***	0.0880 ***
t	2.1005	3.0975	3.9235	4.5702	6.2308

注:***代表1%的显著性水平,**代表5%的显著性水平。

第7章 媒体情绪与个股横截面收益的实证研究

我们首先按照公司的贝塔值（Beta）比由低到高分为5组，在每一个贝塔组，其次分别按照乐观媒体情绪和悲观媒体情绪由低到高分为5组，每个月形成25个资产组合。我们计算每一个资产组合的平均收益，最后再在时间上进行平均。表7-5中的Panel A汇报了在控制贝塔值的情况下，乐观媒体情绪对股票收益的影响。我们研究发现，在控制贝塔值的情况下，乐观媒体情绪越高，其收益越高。最高乐观媒体情绪和最低乐观媒体情绪的月平均收益差值在0.0373~0.0474之间，均在1%显著。表7-5中的Panel B汇报了在控制贝塔值的情况下，悲观媒体情绪对股票收益的影响。我们发现在控制贝塔值的情况下，悲观媒体情绪越高，资产组合的收益就越低。最高悲观媒体情绪和最低悲观媒体情绪的月平均收益差值在0.052~0.0605之间，均在1%的水平上显著。此外，我们的研究发现，在控制贝塔值的情况下，最高悲观媒体情绪和最低悲观媒体情绪的月平均收益差值均高于最高乐观媒体情绪和最低乐观媒体情绪的月平均收益差值，这就从某种程度上说明了，市场对悲观媒体情绪的反应要大于乐观媒体情绪的反应。

表7-5 按照贝塔值和媒体情绪分组形成资产组合，计算资产组合的平均收益

项目	Beta1	Beta2	Beta3	Beta4	Beta5
Panel A 按照贝塔值和乐观媒体情绪构建资产组合					
$Pos1$	-0.0006	-0.0043	-0.0028	-0.0049	-0.0064
$Pos2$	0.0007	0.0039	0.0035	0.0044	0.0012
$Pos3$	0.0122	0.0137	0.0152	0.0117	0.0134
$Pos4$	0.0240	0.0274	0.0291	0.0248	0.0291
$Pos5$	0.0367	0.0380	0.0417	0.0425	0.0392
$Pos1 - Pos5$	-0.0373***	-0.0423***	-0.0445***	-0.0474***	-0.0456***
t	-2.8891	-3.1515	-3.1469	-3.2764	-3.0386

续表

项目	Beta1	Beta2	Beta3	Beta4	Beta5
Panel B 按照贝塔值和悲观媒体情绪构建资产组合					
Neg_Pos1	0.0465	0.0448	0.0458	0.0510	0.0484
Neg_Pos2	0.0221	0.0250	0.0295	0.0219	0.0286
Neg_Pos3	0.0125	0.0139	0.0130	0.0097	0.0110
Neg_Pos4	0.0014	0.0020	0.0026	0.0028	-0.0012
Neg_Pos5	-0.0108	-0.0072	-0.0066	-0.0079	-0.0121
Neg_Pos1 - Neg_Pos5	0.0573***	0.0520***	0.0524***	0.0589***	0.0605***
t	4.4650	3.8502	3.7427	4.0714	4.0126

注：*** 代表1%的显著性水平。贝塔值（Beta）的计算方法是以计算月份之前的24个月为计算区间，分别计算每只股票的贝塔值。

我们首先按照公司的前一个月收益由低到高分为5组，在每一个收益组，其次分别按照乐观媒体情绪和悲观媒体情绪由低到高分为5组，每个月形成25个资产组合。我们计算每一个资产组合的平均收益，最后再在时间上进行平均。表7-6中的Panel A汇报了在控制前一个月收益的情况下，乐观媒体情绪对股票收益的影响。我们研究发现，在控制前一个月收益的情况下，乐观媒体情绪越高，其收益越高。最高乐观媒体情绪和最低乐观媒体情绪的月平均收益差值在0.0391~0.0584之间，均在1%显著。表7-6中的Panel B汇报了在控制前一个月收益的情况下，悲观媒体情绪对股票收益的影响。我们发现在控制前一个月收益的情况下，悲观媒体情绪越高，资产组合的收益就越低。最高悲观媒体情绪和最低悲观媒体情绪的月平均收益差值在0.0493~0.0786之间，均在1%的水平上显著。此外，我们的研究发现，在控制前一个月收益的情况下，最高悲观媒体情绪和最低悲观媒体情绪的月平均收益差值均高于最高乐观媒体情绪和最低乐观媒体情绪的月平均收益差值,这就从某种程度上说明了,市场对悲观媒体情绪的反应要大于乐观媒体情绪的反应。

表7-6 按照前一个月的收益和媒体情绪分组,构建资产组合

项目	L_Return1	L_Return2	L_Return3	L_Return4	L_Return5
Panel A 按照前一个月的收益和乐观媒体情绪构建资产组合					
Pos1	0.0027	0.0023	-0.0019	-0.0098	-0.0191
Pos2	0.0082	0.0092	0.0040	0.0012	-0.0112
Pos3	0.0187	0.0140	0.0129	0.0096	0.0048
Pos4	0.0317	0.0284	0.0291	0.0249	0.0260
Pos5	0.0428	0.0414	0.0429	0.0430	0.0393
Pos1 - Pos5	-0.0401***	-0.0391***	-0.0449***	-0.0528***	-0.0584***
T	-2.8384	-2.7974	-3.2508	-3.9036	-4.2391
Panel B 按照前一个月的收益和乐观媒体情绪构建资产组合					
Neg_Pos1	0.0520	0.0471	0.0486	0.0491	0.0518
Neg_Pos2	0.0302	0.0263	0.0282	0.0240	0.0226
Neg_Pos3	0.0207	0.0164	0.0120	0.0100	0.0014
Neg_Pos4	0.0053	0.0066	0.0038	-0.0024	-0.0107
Neg_Pos5	-0.0052	-0.0022	-0.0068	-0.0130	-0.0268
Neg_Pos1 - Neg_Pos5	0.0572***	0.0493***	0.0555***	0.0621***	0.0786***
t	3.9868	3.5039	4.0035	4.6111	5.7580

注:***代表1%的显著性水平。

通过表7-6我们发现，在控制了市值、市值账面比、贝塔值和前一期的收益之后，媒体情绪（包括乐观媒体情绪和悲观媒体情绪）都对个股收益具有显著的影响。我们在控制这一系列上述的变量之后，随着悲观媒体情绪越来越高，个股收益越来越低，并且绝大多数都是显著的；随着乐观媒体情绪越来越高，个股收益也越来越高，同样在绝大多数情况下都是显著的。这就证实了我们的研究假设1。除此之外，我们还有一个有趣的发现，悲观媒体情绪对个股收益的影响比乐观媒体情绪对个股收益的影响更大，例如我们在控制一系列变量之后，最低悲观媒体情绪和最高悲观媒体情绪资产组合的收益差值的绝对值均大于最低乐观媒体情绪和最高乐观媒体情绪资产组合的收益差值的绝对值。这就证明了我们的研究假设2，市场对悲观媒体情绪的反应要远远强于市场对乐观媒体情绪的反应。这种结果的原因在前文我们已经指明，这是由于中国特殊的媒体市场和资本市场造成的。

7.5.3 媒体情绪对股票收益影响的横截面回归

7.5.3.1 媒体情绪对股票收益的法马－麦克白（Fama – MacBeth）回归

我们在前文通过运用资产组合的分析方法检验了不同媒体情绪对个股收益的影响，发现不同媒体情绪的资产组合的收益具有显著的差异。然后，我们利用多元回归的方法直接检验媒体情绪与股票收益横截面的关系。

我们采用标准的法马－麦克白回归分析方法，运用当期的股票收益对媒体情绪、贝塔值、股票市值的对数、市值账面比和前一期的收益进行回归。回归结果如表7-7所示。

表7-7　采用法马-麦克白回归分析方法检验乐观
媒体情绪对股票收益的影响

变量	模型（1）	模型（2）	模型（3）	模型（4）	模型（5）	模型（6）
Pos	0.000274*** (0.000)	0.000203*** (0.000)	0.000154*** (0.000)	0.000157*** (0.000)	0.000161*** (0.000)	0.000152*** (0.000)
Beta		0.000706 (0.867)	0.00174 (0.677)	0.00596 (0.136)	0.00746** (0.050)	0.00736* (0.054)
ln_MV			0.00867*** (0.000)	0.00559*** (0.008)	0.00668*** (0.001)	0.00703*** (0.001)
MB				0.00574*** (0.000)	0.00601*** (0.000)	0.00610*** (0.000)
L_Return					-0.0793*** (0.000)	-0.0801*** (0.000)
CSR						0.000131*** (0.001)
Cons	0.0144 (0.126)	0.0140 (0.101)	-0.115*** (0.002)	-0.0926*** (0.009)	-0.112*** (0.001)	-0.123*** (0.000)

注：***表示1%的显著性水平，**表示5%的显著性水平，*表示10%的显著性水平。

　　为了更加精确地刻画横截面上股票收益的决定，我们将乐观媒体情绪纳入到法马-麦克白回归分析方法中去，回归结果表明在控制一系列的变量之后（贝塔值、法马-弗兰奇三因素等），回归系数为正，且均在1%的水平上显著。只是随着控制变量的增加，回归系数的绝对值有着递减的趋势。总而言之，在控制一系列影响股票收益的因素之后，乐观媒体情绪对股票横截面收益均具有显著解释力，这种解释力仍然具有统计意义上的显著性。接下来，我们将悲观媒体情绪纳入到法马-麦克白回归分析方法中去，检验悲观媒体情绪是否影响股票收益的决定。

表 7-8 汇报了将悲观媒体情绪纳入到法马-麦克白方法中去的回归结果,研究结果表明在控制一系列的变量之后(贝塔值、法马-弗兰奇三因素等),回归系数为负,且均在 1% 的水平上显著。只是随着控制变量的增加,回归系数的绝对值有着递减的趋势,但是系数绝对值并没有太大的减少。总而言之,在控制一系列影响股票收益的因素之后,悲观媒体情绪对股票横截面收益均具有显著解释力,这种解释力仍然具有统计意义上的显著性。

表 7-8　　采用法马-麦克白回归分析方法检验悲观
媒体情绪对股票收益的影响

变量	模型(1)	模型(2)	模型(3)	模型(4)	模型(5)	模型(6)
Neg_Pos	-0.00280*** (0.000)	-0.00233*** (0.000)	-0.00217*** (0.000)	-0.00211*** (0.000)	-0.00206*** (0.000)	-0.00203*** (0.000)
$Beta$		0.000687 (0.871)	0.00173 (0.679)	0.00595 (0.137)	0.00746** (0.050)	0.00735* (0.054)
$\ln\_MV$			0.00854*** (0.000)	0.00547*** (0.009)	0.00657*** (0.001)	0.00691*** (0.001)
MB				0.00575*** (0.000)	0.00602*** (0.000)	0.00611*** (0.000)
L_Return					-0.0803*** (0.000)	-0.0810*** (0.000)
CSR						0.000127*** (0.001)
$Cons$	0.0140 (0.138)	0.0136 (0.111)	-0.114*** (0.002)	-0.0912** (0.010)	-0.111*** (0.001)	-0.122*** (0.000)

注:*** 表示 1% 显著,** 表示 5% 显著,* 表示 10% 显著。

综上所述,我们的研究发现,采用法马-麦克白的回归分析方法之后，无论是乐观媒体情绪还是悲观媒体情绪均对股票收益具有显著的影响，这在经济意义上和统计意义上都具有显著性。另外，我们的研究还发现悲观媒体情绪指标的系数绝对值均大于乐观媒体情绪指标的系数绝对值。这就证明了我们的假说1和假说2，即媒体情绪对股票收益具有显著的影响，并且悲观媒体情绪对股票收益的影响大于乐观媒体情绪对股票收益的影响。

7.5.3.2 不同等级的媒体情绪对股票组合收益的差异

接下来我们考察基于不同媒体情绪水平所构建的资产组合在是否能够获得超额收益。传统金融学认为股票横截面收益的差异是由股票相对风险因子的敏感程度决定的。法马-弗兰奇构造的三因素模型，即用市场组合超额收益、规模和账面市价比来解释股票收益的变化，其模型如下：

$$R_{i,t} - RF_t = \alpha_i + \beta_i(RM_t - RF_t) + s_i SMB_t + h_i HML_t + e_t \quad (7-3)$$

其中，$R_{i,t}$表示资产组合的收益率，RF_t表示无风险收益率，RM_t是市场组合的收益率，SMB_t是规模因子收益率，HML_t是账面市价比因子收益率，α_i、β_i、s_i和h_i是相对应的因子敏感度。

我们按照媒体情绪的高低分为5组，分别对其资产组合的收益率进行CAPM模型和法马-弗兰奇三因素模型进行回归，并对所有截距项为0的原假设进行检验。回归及检验结果如表7-9所示。

表7-9　　基于乐观媒体情绪组合收益的三因素回归

变量	Pos (1)	Pos (2)	Pos (3)	Pos (4)	Pos (5)
RM_RF	0.938 *** (0.000)	0.971 *** (0.000)	0.992 *** (0.000)	1.015 *** (0.000)	1.117 *** (0.000)
SMB	1.020 *** (0.000)	0.916 *** (0.000)	0.869 *** (0.000)	0.714 *** (0.000)	0.496 *** (0.000)
HML	0.123 (0.129)	0.0174 (0.842)	0.0154 (0.866)	-0.0523 (0.596)	-0.0679 (0.509)

续表

变量	Pos (1)	Pos (2)	Pos (3)	Pos (4)	Pos (5)
Cons	-0.0172*** (0.000)	-0.0105*** (0.000)	-0.000162 (0.950)	0.0138*** (0.000)	0.0305*** (0.000)
Adj. R^2	94.25%	93.22%	92.79%	91.34%	91.46%

注：*** 代表1%的显著性水平。

我们按照乐观媒体情绪由低到高将所有股票分成五组 [从 Pos (1) 到 Pos (5)]，分别对其组合收益率进行法马-弗兰奇三因素回归，并对所有截距项为 0 的原假设进行检验。研究发现，随着所在股票组合的乐观媒体情绪的增加，截距项的值由负到正递增的变化，并且在多数情况下是 1% 水平显著。这就说明了乐观媒体情绪越高，经风险调整之后的收益率越高。

我们按照上述回归分析方法，重复上述的回归。具体来说，按照悲观媒体情绪由低到高将所有股票分成五组 [从 Neg_Pos (1) 到 Neg_Pos (5)]，分别对其组合收益率进行法马-弗兰奇三因素回归，并对所有截距项为 0 的原假设进行检验。回归及检验结果如表 7-10 所示。研究发现，随着所在股票组合的悲观媒体情绪的增加，截距项的值由正到负递减的变化，并且在多数情况下都是 1% 的水平上显著。这些证据就说明了悲观观媒体情绪越高，经风险调整之后的收益率越低。

表 7-10　　基于悲观媒体情绪组合收益的三因素回归

变量	Neg_Pos (1)	Neg_Pos (2)	Neg_Pos (3)	Neg_Pos (4)	Neg_Pos (5)
RM_RF	1.083*** (0.000)	1.010*** (0.000)	0.986*** (0.000)	0.973*** (0.000)	0.980*** (0.000)
SMB	0.523*** (0.000)	0.720*** (0.000)	0.856*** (0.000)	0.934*** (0.000)	0.984*** (0.000)

续表

变量	Neg_Pos (1)	Neg_Pos (2)	Neg_Pos (3)	Neg_Pos (4)	Neg_Pos (5)
HML	-0.0574 (0.583)	-0.0174 (0.857)	0.0322 (0.712)	0.0245 (0.783)	0.0538 (0.520)
Cons	0.0387*** (0.000)	0.0132*** (0.000)	-0.00104 (0.673)	-0.0112*** (0.000)	-0.0235*** (0.000)
Adj. R^2	90.74%	91.71%	93.25%	93.10%	94.06%

注：*** 代表1%的显著性水平。

7.5.3.3 基于不同性质的上市公司性质的回归

我们在制度背景和研究假设中，指出由于中国媒体非市场化和中国大量的国有企业，这就会导致财经媒体在对上市公司报道时具有倾向性的选择，即在对国有性质的上市公司进行负面报道时必须拥有十足的证据，否则就会招来极大的麻烦，而在对上公司进行正面报道时则不会存在这方面的问题。因此，我们推测，乐观媒体情绪而言，其对非国有性质企业影响要大于其对国有性质企业的影响；然而，悲观媒体情绪则是对国有性质的企业要大于其对非国有性质企业的影响。我们为了证实该推测，采用法马－麦克白的回归分析方法，把所有样本企业分为国有企业和非国有企业，以比较媒体情绪（乐观媒体情绪和悲观媒体情绪）系数的大小。我们的回归结果如表7-11所示。

表7-11汇报了按企业性质划分后的回归分析。具体做法就是，我们把所有样本企业分为国有性质企业和非国有性质企业，运用法马－麦克白进行回归。我们的研究结果表明，乐观媒体情绪对非国有性质的企业的回归系数为0.00266，这大于国有性质企业回归系数的0.000107。这就证实了我们的推测，市场对乐观媒体情绪的反应由于企业性质的不同而具有差异，乐观媒体情绪对国有性质

的企业影响要小于其对非国有性质的企业。就悲观媒体情绪而言，我们就得出了相反的结论。在回归结果中，我们发现悲观媒体情绪对国有企业性质的系数绝对值为 0.00152，这大于悲观媒体情绪对非国有企业性质系数的绝对值的 0.00145，均在 1% 的水平上显著。这就证实了我们的推测，即悲观媒体情绪对国有性质企业的影响大于其对非国有性质的企业。

表 7-11　　　　　　　基于企业性质的回归分析

变量	国有企业（1）	非国有企业（2）	国有企业（3）	非国有企业（4）
Pos	0.000107*** (0.001)	0.00266*** (0.000)		
Neg_Pos			-0.00152*** (0.000)	-0.00145*** (0.000)
Beta	0.00742* (0.069)	0.00552 (0.136)	0.00747* (0.067)	0.00488 (0.187)
ln_MV	0.00636*** (0.002)	0.00863*** (0.000)	0.00628*** (0.002)	0.00779*** (0.001)
MB	0.00629*** (0.000)	0.00533*** (0.000)	0.00629*** (0.000)	0.00543*** (0.000)
CSR	0.000120*** (0.003)	0.0000882* (0.057)	0.000115*** (0.004)	0.0000877* (0.058)
L_Return	-0.0750*** (0.000)	-0.0928*** (0.000)	-0.0759*** (0.000)	-0.0985*** (0.000)
Cons	-0.114*** (0.001)	-0.143*** (0.000)	-0.113*** (0.001)	-0.131*** (0.000)

注：*** 代表 1% 的显著性水平，* 代表 10% 的显著性水平。

7.5.3.4 基于不同市态[①]的回归分析

现有的研究都认为媒体情绪会影响股票市场的表现，我们在本书第 6 章的研究也证实了这一点。加西亚（2012）的研究证明了媒体情绪在不同的经济周期中，对于整个市场的收益具有不同的影响。因此，我们推测由于市态的不同，媒体情绪对个股横截面收益的影响也会不同。为了证实这一推测，我们借鉴佩根和索瑟诺夫（Pagan and Sossounov, 2003）的判定标准把 2002 年 1 月至 2011 年 12 月期间中国的股市划分为牛市和熊市，以考察在不同市态下，媒体情绪对股票收益的影响。为了研究不同市态下财经媒体对股票收益的影响，我们采用非参数的方法来划分我国股市的牛市和熊市。我们判断牛市和熊市的标准则是参考佩根和索瑟诺夫（2003）的研究。其具体做法是，第一步，在第 t 个月，我们对当前月度的上证综指与其前后三个月的数据进行比较，如果其值是最高的，则得到一个波峰，如果值是最低的则得到一个波谷。由于在一个波段中，可能存在不止一个波峰或者波谷，为了保证波峰或者波谷在一个波段中交替出现，则选出连续波峰中最高者和连续波谷中最低者。第二步，必须保证单向市态不少于四个月。我们划分的结果如表 7-12 所示。

表 7-12　　　　　　　　　牛市和熊市周期

周期	牛市	熊市
1	2002.01 ~ 2002.07	2002.08 ~ 2002.12
2	2003.01 ~ 2003.04	2003.05 ~ 2003.11
3	2003.12 ~ 2004.03	2004.04 ~ 2005.07
4	2005.08 ~ 2007.10	2007.11 ~ 2008.11
5	2008.12 ~ 2009.07	2009.08 ~ 2010.06
6	2010.07 ~ 2011.10	2011.11 ~ 2011.12

---

① 市态是指牛市和熊市。

2002年1月至2011年12月,中国股市总共出现了7次波谷和6次波峰,经历了6次完整的牛、熊市交替周期。具体的牛熊市时间区间见表7-12所示。这种完整的牛熊市周期就为我们检验不同市态情况下媒体情绪对股票收益的影响提供给了基础。我们的回归结果如表7-13所示。

表7-13　　　　　　　基于不同市态的回归分析

变量	牛市(1)	熊市(2)	牛市(3)	熊市(4)
Pos	0.000211 *** (0.000)	0.0000873 ** (0.011)		
Neg_Pos			-0.00156 *** (0.000)	-0.00253 *** (0.000)
Beta	0.0212 *** (0.000)	-0.00765 * (0.065)	0.0212 *** (0.000)	-0.00766 * (0.064)
ln_MV	0.00671 ** (0.026)	0.00739 *** (0.008)	0.00657 ** (0.028)	0.00728 *** (0.008)
MB	0.00605 *** (0.000)	0.00616 *** (0.000)	0.00606 *** (0.000)	0.00617 *** (0.000)
CSR	0.000148 ** (0.013)	0.000113 ** (0.013)	0.000145 ** (0.015)	0.000108 ** (0.017)
L_Return	-0.0913 *** (0.000)	-0.0679 *** (0.000)	-0.0921 *** (0.000)	-0.0690 *** (0.000)
Cons	-0.0898 * (0.073)	-0.160 *** (0.001)	-0.0879 * (0.078)	-0.159 *** (0.001)

注: *** 代表1%的显著性水平, ** 代表5%的显著性水平, * 代表10%的显著性水平。

从表7-13我们发现,首先,在牛市行情中,乐观媒体情绪的回归系数为0.000211,而在熊市行情中,乐观媒体情绪的回归系数为 0.0000873。这就表明，在牛市行情中，乐观媒体情绪对股票收益的影响大于在熊市行情中乐观媒体情绪对股票收益的影响。其次，在熊市行情中，悲观媒体情绪的回归系数为 -0.00253，而在牛市行情中，悲观媒体情绪的回归系数为 -0.00156。这也就表明，在牛市行情中，悲观媒体情绪对股票收益的影响小于在熊市行情中悲观媒体情绪对股票收益的影响。最后，我们发现，无论是牛市还是熊市，悲观媒体情绪对股票收益的影响均大于乐观媒体情绪对股票收益的影响。这种结果的原因就是由我们本章指出的中国特殊的制度背景造成的。

7.6 媒体情绪对个股收益的预测能力分析

我们在前文指出媒体情绪对股票收益的当期具有显著的影响，乐观媒体情绪越高，当期收益越高，悲观媒体情绪越高，当期收益越低。那么这种收益的影响是否会反转呢？进一步，我们需要讨论媒体情绪对下期收益是否具有预测力。我们首先考察了全样本期间（2002～2011 年），媒体情绪对股票收益的预测力。我们采用法马－麦克白回归的方法，分别考察乐观媒体情绪和悲观媒体情绪对股票收益的预测力。回归结果如表 7－14 所示。

表 7－14　　　　当期乐观媒体情绪对下期收益的影响

变量	模型（1）	模型（2）	模型（3）	模型（4）	模型（5）	模型（6）
Pos	-0.0000751 ** (0.048)	-0.0000678 * (0.069)	-0.000109 *** (0.002)	-0.0000982 *** (0.004)	-0.000106 *** (0.002)	-0.0000925 *** (0.004)
Beta		0.00132 (0.756)	0.00223 (0.593)	0.00661 * (0.096)	0.00649 (0.103)	0.00750 ** (0.049)

续表

变量	模型（1）	模型（2）	模型（3）	模型（4）	模型（5）	模型（6）
ln_MV			0.00865*** (0.000)	0.00567*** (0.006)	0.00596*** (0.004)	0.00742*** (0.000)
MB				0.00556*** (0.000)	0.00564*** (0.000)	0.00611*** (0.000)
CSR					0.000117*** (0.002)	0.000137*** (0.000)
Return						-0.0798*** (0.000)
Cons	0.0162* (0.091)	0.0142* (0.098)	-0.115*** (0.002)	-0.0929*** (0.007)	-0.103*** (0.004)	-0.130*** (0.000)

注：*** 表示1%的显著性水平，** 表示5%的显著性水平，* 表示10%的显著性水平。

表7-14汇报了乐观媒体情绪对下期收益的回归结果。结果表明，在控制了一系列变量之后，乐观媒体情绪对下期收益的具有显著的影响。我们还发现，乐观媒体情绪的回归系数为负，这就说明了，当期乐观媒体情绪越高，下期收益越低，出现了部分的反转。这也就说明了我们计算的媒体情绪不仅仅反映了部分的信息，而且包含了部分的非信息，即"情绪"。接下来，我们进一步研究悲观媒体情绪对下期收益的影响。回归结果见表7-15。

表7-15　　　　当期悲观媒体情绪对下期收益的影响

变量	模型（1）	模型（2）	模型（3）	模型（4）	模型（5）	模型（6）
Neg_Pos	0.000535*** (0.002)	0.000509*** (0.004)	0.000600*** (0.000)	0.000616*** (0.000)	0.000650*** (0.000)	0.000453*** (0.004)
Beta		0.00132 (0.757)	0.00224 (0.592)	0.00662* (0.095)	0.00650 (0.102)	0.00749** (0.050)

续表

变量	模型(1)	模型(2)	模型(3)	模型(4)	模型(5)	模型(6)
$\ln\_MV$			0.00867*** (0.000)	0.00569*** (0.006)	0.00598*** (0.004)	0.00743*** (0.000)
MB				0.00556*** (0.000)	0.00565*** (0.000)	0.00611*** (0.000)
CSR					0.000117*** (0.002)	0.000137*** (0.000)
$Return$						-0.0795*** (0.000)
$Cons$	0.0162* (0.091)	0.0142* (0.097)	-0.115*** (0.001)	-0.0932*** (0.007)	-0.103*** (0.004)	-0.130*** (0.000)

注：*** 表示1%的显著性水平，** 表示5%的显著性水平，* 表示10%的显著性水平。

表7-15汇报了悲观媒体情绪对下期收益的回归结果。结果表明，在控制了一系列变量之后，乐观媒体情绪对下期收益的具有显著的影响。我们还发现，乐观媒体情绪的回归系数为正，这就说明了，当期悲观媒体情绪越高，下期收益越低，出现了部分的反转。这也就说明了我们计算的媒体情绪不仅仅反映了部分的信息，而且包含了部分的非信息，即"情绪"。

综上所述，我们采用法马-麦克白回归分析的方法，考察了当期媒体情绪对下期收益的影响。我们的研究表明，媒体情绪对下期收益的影响出现了部分的反转，这就充分说明了我们计算的正负面词汇比例不仅仅包含了信息，还包含了"情绪"。为了进一步，说明这个问题，我们接下来采用CAPM模型和法马-弗兰奇三因素回归模型考察经风险调整之后是否还能够获得超额收益。

我们的具体做法是首先按照乐观媒体情绪的高低分为5组，从而形成买进最低乐观媒体情绪组，卖出最高乐观媒体情绪组的零投资组合。然后，将零投资组组合收益序列分别用 CAPM 和法马－弗兰奇三因素模型进行回归。从表 7－16 我们可以发现经风险调整之后可以获得正的超额收益，并且都至少在 5% 的水平显著。我们重复上面的方法，研究依据悲观媒体情绪是否可以获得超额收益。我们首先依据悲观媒体情绪构建零投资组合，只是我们形成的零投资组合是由买进当期高悲观媒体情绪组合，卖出当期低悲观媒体情绪组合构成。接下来，将零投资组组合收益序列分别用 CAPM 和法马－弗兰奇三因素模型进行回归。我们从表 7－16 同样可以发现，经风险调整之后可以获得正的超额收益，并且都至少在 5% 的水平显著。

表 7－16　　基于媒体情绪的零投资组合经风险调整后的盈利性

变量	Pos (1)	Pos (2)	Neg_Pos (1)	Neg_Pos (2)
RM_RF	－0.0503 (0.175)	－0.0698 *** (0.000)	－0.0136 (0.671)	－0.0303 (0.108)
SMB		0.630 *** (0.000)		0.514 *** (0.000)
HML		0.0506 (0.367)		0.0523 (0.361)
$Cons$	0.00846 ** (0.011)	0.00586 *** (0.000)	0.00710 ** (0.013)	0.00494 *** (0.003)

注：*** 表示 1% 的显著性水平，** 表示 5% 的显著性水平。

总而言之，我们的研究结果表明，媒体情绪对股票收益具有一定的预测力。媒体情绪对股票收益的影响容易发生收益的逆转，即就悲观媒体情绪而言，当期悲观媒体情绪越高，当期收益越低，下期收益越高；而就乐观媒体情绪而言，当期乐观媒体情绪越高，当期收益越高，下期收益越低。我们基于媒体情绪构建的零投资组合,在经风险调整之后仍然能够获得正的超额收益。这就说明了我们构建的媒体情绪指标不仅仅反映了市场的部分信息,而且还反映了部分市场情绪。这种结果可以运用投资者情绪的模型来解释,也就是我们在文献综述部分指出的投资者情绪模型。

7.7 本章小结

在本章中,根据我们构建的正负面金融词汇词库度量上市公司媒体报道的语言语气,在此基础上考察了媒体情绪对股票收益的影响。通过实证研究,我们发现:一是媒体情绪显著地影响股票收益;二是悲观媒体情绪对股票收益的影响比乐观媒体情绪对股票收益的影响更大;三是对于不同性质的上市公司,不同的媒体情绪影响具有显著的差异,即乐观媒体情绪对非国有性质上市公司的影响要大于其对国有性质上市公司的影响,悲观媒体情绪对非国有性质上市公司的影响要小于其对国有性质上市公司的影响;四是我们进一步考察了在不同市态(牛市和熊市)之下,媒体情绪对股票收益的影响方式又具有差异性,即乐观媒体情绪对处于牛市中股票市场的影响大于乐观媒体情绪对处于熊市中股票收益的影响,悲观媒体情绪对处于熊市中股票市场的影响大于悲观媒体情绪对处于熊市中股票市场的影响;五是我们依据不同的媒体情绪构建的零投资组合经风险调整之后依然能够获得超额的收益。

尽管我们尽可能准确地测度了媒体情绪,在删选正负面情感词的过程中也尽量考虑其精确性,但由于是初次尝试,其中可能还存有进一步需要精确的问题。这也是后续研究要特别注意的一个问题。

第8章

结论与研究展望

8.1 本书的主要结论

本书在系统地回顾了媒体与资产定价的相关文献基础上,分别从媒体关注度和媒体情绪这两个媒体指标对中国金融市场的实证资产定价领域进行了研究。我们在已有研究的基础上,通过对中国主要财经纸质媒体和财经网络媒体的分析和测度,检验了媒体关注度和媒体情绪对中国股票市场收益率的一般关系。具体地来说,本书的主要研究结论包括以下几个方面:

第一,构建了一个适用于中国金融市场的正负面金融词汇词库。由于没有现成的度量财经媒体情绪的正负面词汇词库,因此为了度量财经媒体的情绪,我们在已有研究的基础上,充分考虑现有文本情感分析的 HowNet 情感词和劳伦和麦克唐纳德(2009)情感词,创立了一套适用于中国金融市场的正负面词汇词库。这套正负面金融词汇词库包括了 3680 个正面词汇和 5930 个负面词汇。进一步,我们运用该正负面词汇词库度量财经媒体的情绪,这就为进一步的实证研究奠定了基础。

第 8 章 结论与研究展望

第二，利用中国主要财经媒体构建了媒体关注度，以此作为投资者关注的代理变量，选取了 2002 年 1 月至 2011 年 12 月的沪深两市 A 股作为研究样本，本文发现媒体关注度和股票收益当期收益正相关，和下期收益负相关。即高关注的股票在当月能够获得更高的收益，而在接下来的一个月中能获得更低的收益，通过买入——卖出构建零投资组合的策略，经风险调整之后能够获得 0.37% 的套利收益。我们进一步用证据表明了媒体关注度影响股票收益的背后机制在于投资者的有限注意。

第三，运用我们创立的正负面金融词汇词库，抓取了新浪财经 2007 年 8 月至 2013 年 5 月的新浪财经对股票市场的评论性文章，构建了整体市场的媒体情绪以此来考察了媒体情绪和股票市场行为之间的关系。研究发现：一是媒体情绪指数（悲观媒体情绪指数）对股票市场指数收益率和交易量都具有显著的影响，第 t 日媒体悲观情绪（综合媒体悲观情绪）1 个标准差的变化会带来第 $t+1$ 日市场指数收益率水平变化 -9.36%（-8.74%）；二是第 t 日媒体悲观情绪（综合媒体悲观情绪）1 个标准差的变化会带来第 $t+1$ 日成交量水平变化 -4.81%（-4.21%）。此外，本书还进一步检验了媒体情绪只是投资者情绪的代理指标，而非信息。

第四，运用我们创立的正负面金融词汇词库对中国主要财经媒体的对上市公司的新闻报道进行了媒体情绪的测度。我们运用媒体情绪指标研究了其对股票收益的影响。通过研究，我们发现：一是媒体情绪显著地影响股票收益；二是悲观媒体情绪对股票收益的影响比乐观媒体情绪对股票收益的影响更大；三是对于不同性质的上市公司，不同的媒体情绪影响具有显著的差异，即乐观媒体情绪对非国有性质上市公司的影响要大于其对国有性质上市公司的影响，悲观媒体情绪对非国有性质上市公司的影响要小于其对国有性质上市公司的影响；四是我们进一步考察了在不同市态（牛市和熊市）之下，媒体情绪对股票收益的影响方式又具有差异性，即乐观媒体情绪对处于牛市中股票市场的影响大于乐观媒体情绪对处于熊市中股票收益的影响,悲观媒体情绪对处于熊市中股票市场的影响大于悲观媒体情绪对处于熊市中股票市场的影响;五是我们依据不同的媒体情绪构建的零投资组合经风险调整之后依然能够获得超额的收益。

8.2 不足和研究展望

本书在已有研究的基础上,尽可能地考虑了所有的相关问题,但由于本人学识、能力和时间等因素的限制,使得本书的研究存有不足,有待进一步改进。这同时也是以后进一步研究的方向。具体地来说,本书的不足之处主要有以下两点:

第一,数据的限制,本书的实证研究还不够完善。财经媒体主要三大块,即财经纸质媒体、财经网络媒体和财经电视节目。这些财经媒体都对资本市场具有重大的影响,但是由于财经电视节目的数据很难获得,因此本书就只分析了财经纸质媒体和财经网络媒体对中国股票市场收益率的影响。即便如此,我们很难获得财经纸质媒体和财经网络媒体的完整数据库。随着财经网络新闻的进一步发展以及资本市场的成熟,本书的主要研究结论不一定会具有稳定性。本书的研究根植于中国特殊的制度背景,这一发现也就说明了需要考虑样本区间外或其他市场的证据以进行比较研究。

第二,对于媒体情绪的测度可能存在误差。由于我们首次尝试运用计算机自然语言处理的方法对媒体情绪进行测度,因此我们在测度媒体情绪时可能存在误差,这在以后的研究中需要进一步精确。

我们通过本书的研究首次系统地对中国金融市场中媒体对资产价格影响进行了实证分析。本书的研究是一个初步尝试,有许多问题还有待于进一步深入研究。具体地来说,以下几点使我们未来研究的方向。

第一，媒体情绪测度的进一步精确。我们的研究初次尝试通过计算机自然语言处理程序和正负面关键词的删选来构建媒体情绪指标。正因为如此，我们构建的指标可能存有问题，还需要进一步探讨。例如，词汇的权重问题，这是在以后的研究中需要进一步考虑的。

第二，进一步拓展现有研究。最近几年，新兴媒体大量出现，例如微博、微信等。在这种的自媒体时代，人人都可以成为"媒体人"，再加上手机等便携式移动终端的随身携带和网络化，财经新闻信息的传播速度越来越快，瞬间就可以反映到市场中去，因此我们有必要在这方面进一步通过网络数据的抓取，系统地研究这些"新兴财经自媒体"对资本市场的影响。我们可以运用高频数据研究这些新兴自媒体对资本市场影响的程度、方向和时效性等。

第三，我们的研究表明媒体影响资产价格，那么以后的一个研究方向就是，媒体对不同类型的投资者（机构投资者和散户）的影响是否具有差异。从理论来说，由于机构投资者会比散户拥有更多的相关信息，并且拥有信息的时效性也更强，因此可能机构投资者就不太会容易受到媒体的影响，或者说会受到媒体的影响，但是其影响效果比散户投资者的效果要小。

第四，将媒体情绪的研究拓展到公司层面，进一步研究媒体情绪对公司治理的影响。如果媒体情绪影响投资者的话，而并不影响管理层时，那么由于公司投资者和管理层的风险偏好不一致，会导致投资者和管理层的利益冲突，即代理成本。为了使得作为股东的投资者和管理层的目标一致，就需要激励合约进行协调。但是，如果投资者和管理层都受到媒体情绪的影响，并且影响的方向一致，那么就不需要激励合约，从而降低代理成本。因此，媒体情绪对公司治理有着重要的影响。

尽管我们已经尽可能地指出未来进一步研究的可能方向，但是就媒体影响资产价格、公司金融和公司治理的方式、程度等而言，还有必要进一步深度挖掘。这会为我们深入理解媒体对金融的影响奠定坚实的基础，也为我们构建良性的媒体信息环境提供科学的指导依据。

参 考 文 献

1. ［美］安德瑞·施莱弗：《并非有效市场——行为金融学导论》，中国人民大学书出版社 2003 年版。
2. 陈强：《高级计量经济学及 Stata 应用》，高等教育出版社 2010 年版。
3. 陈彦斌、周业安：《行为资产定价理论综述》，载《经济研究》2004 年第 6 期，第 117~127 页。
4. 陈雨露、汪昌云：《金融学文献通论：原创论文卷》，中国人民大学出版社 2006 年版。
5. 陈雨露、汪昌云：《金融学文献通过：微观金融卷》，中国人民大学出版社 2006 年版。
6. 陈志武：《媒体、法律与市场》，中国政法大学出版社 2005 年版。
7. ［德］高德伯格、尼采：《行为金融》，中国人民大学出版社 2005 年版。
8. ［美］赫什·舍夫林：《资产定价的行为方法》，中国人民大学出版社 2007 年版。
9. 贾春新、赵宇、孙萌、汪博：《投资者有限关注与限售股解禁》，载《金融研究》2010 年第 11 期，第 108~122 页。
10. ［美］罗伯特·希勒：《非理性繁荣》（第二版），中国人民大学出版社 2008 年版。
11. 李心丹：《行为金融学：理论与中国的证据》，三联书店出版社 2004 年版。

12. 李心丹:《行为金融理论：研究体系及展望》，载《金融研究》2005年第1期，第175~190页。

13. 林清泉、赵文荣:《投资者情绪与股票市场波动》，中国人民大学出版社2012年版。

14. 梁丽珍:《投资者情绪、流动性与资产收益》，中国财政经济出版社2009年版。

15. 刘力、张圣平、张峥:《信念、偏好于行为金融》，北京大学出版社2007年版。

16. 彭叠峰:《基于投资者关注的资产定价研究》，2011年中南大学博士学位论文。

17. 潘琼:《探析我国财经媒体对证券市场的监督》，2006年暨南大学硕士学位论文。

18. 饶育蕾、彭叠峰、成大超:《媒体注意力会引起股票的异常收益吗？——来自中国股票市场的经验证据》，载《系统工程理论与实践》2010年第2期，第287~297页。

19. 宋双杰、曹晖、杨坤:《投资者关注与IPO异象——来自网络搜索量的经验证据》，载《经济研究》2011年第1期，第145~155页。

20. 铁木尔·库兰:《用系统方法解析文明的经济轨迹》，载《比较》2012年第61期，第82页。

21. 谭松涛:《行为金融理论：基于投资者交易行为的视角》，载《管理世界》2007年第8期，第140~150页。

22. 王爱伟:《中国证券媒体公信力研究》，2005年山东大学硕士学位论文。

23. 薛斐:《投资者情绪与投资者行为研究》，上海财经大学出版社2008年版。

24. 余峰燕、郝项超、梁琪:《媒体重复信息行为影响了资产价格吗?》，载《金融研究》2012年第10期，第139~152页。

25. 杨继东:《媒体影响了投资者行为吗？——基于文献的一

个思考》，载《金融研究》2007 年第 11 期，第 93~102 页。

26. 俞庆进、张兵：《投资者有限关注与股票收益》，载《金融研究》2012 年第 8 期，第 152~165 页。

27. 游家兴、吴静：《沉默的螺旋：媒体情绪与资产误定价》，载《经济研究》2012 年第 7 期，第 141~152 页。

28. 郑涛：《媒体报道与资本市场发展》，2010 年西南财经大学博士学位论文。

29. 张新、朱武祥：《证券监管的经济学分析》，上海三联书店 2008 年版。

30. 张雅慧、万迪昉、付雷鸣：《股票收益的媒体效应：风险补偿还是过度关注弱势》，载《金融研究》2011 年第 8 期，第 143~156 页。

31. 张永杰、张维、金曦、熊熊：《互联网知道更多么？——网络开源信息对资产定价的影响》，载《系统工程理论与实践》2011 年第 4 期，第 577~586 页。

32. 张峥、徐信忠：《行为金融学研究综述》，载《管理世界》2006 年第 9 期，第 155~167 页。

33. Antweiler, Werner, and Murray Z. Frank. 2004, "Is All that Talk Just Noise? The Information Content of Internet Stock Message Boards." The Journal of Finance, 59 (3), pp. 1259 – 1294.

34. Baker, Malcolm, and Jeffrey Wurgler. 2006, "Investor Sentiment and the Cross-section of Stock Returns." The Journal of Finance, 61 (4), pp. 1645 – 1680.

35. Barber, Brad M., and Terrance Odean. 2008, "All that Glitters: The Effect of Attention and News on the Buying Behavior of Individual and Institutional Investors." Review of Financial Studies, 21 (2), pp. 785 – 818.

36. Barberis, Nicholas, Andrei Shleifer, and Robert Vishny. 2008, "A Model of Investor Sentiment." Journal of Financial Economics, 49

(3), pp. 307 - 343.

37. Barberis, Nicholas, and Richard Thaler. 2003, "A Survey of Behavioral Finance." Handbook of the Economics of Finance, pp. 1053 - 1128.

38. Baron, D. P., 2005, "Competing for the Public through the News Media." Journal of Economics & Management Strategy 14 (2), pp. 339 - 376.

39. Bernard, V. L., & Thomas, J. K., 1990. "Evidence that Stock Prices do not Fully Reflect the Implications of Current Earnings for Future Earnings". Journal of Accounting and Economics, 13 (4), 305 - 340.

40. Berry, Thomas D., and Keith M. Howe. 1994, "Public Information Arrival." The Journal of Finance, 49 (4), pp. 1331 - 1346.

41. Besley, T. and A. Pratt, 2006, "Handcuffs for the Grabbing Hand? Media Capture and Government Accountability." American Economic Review 96 (3), pp. 720 - 736.

42. Bhattacharya, Utpal, Neal Galpin, Rina Ray, and Xiaoyun Yu. 2009, "The Role of the Media in the Internet IPO Bubble." Journal of Financial and Quantitative Analysis, 44 (3), 657 - 682.

43. Black, F. 1986. "Noise." The Journal of Finance, 41 (3), pp. 529 - 543.

44. Brown, Gregory W., and Michael T. Cliff. 2004, "Investor Sentiment and the Near - Term Stock Market." Journal of Empirical Finance, 11 (1), pp. 1 - 27.

45. Campbell, John Y., Sanford J. Grossman, and Jiang Wang. 1993, "Trading Volume and Serial Correlation in Stock Returns." The Quarterly Journal of Economics, 108 (4), pp. 905 - 939.

46. Chan, Wesley S. 2003, "Stock Price Reaction to News and No - News: Drift and Reversal after Headlines." Journal of Financial Eco-

nomics, 70 (2), pp. 223 – 260.

47. Chemmanur, T., and An Yan, 2010, "Advertising, Investor Recognition, and Stock Returns", In AFA 2011 Denver Meetings Paper.

48. Chen, Chia – Wei, Christos Pantzalis, and Jung Chul Park, 2009, "Press Coverage and Stock Prices' Deviation from Fundamental Value." Available at SSRN 1359261.

49. Chen, J., Hong, H., & Stein, J. C. 2002. "Breadth of Ownership and Stock Returns." Journal of financial Economics, 66 (2), pp. 171 – 205.

50. Chiang, Chun – Fang, and Brian Knight. 2011, "Media Bias and Influence: Evidence from Newspaper Endorsements." The Review of Economic Studies, 78 (3), pp. 795 – 820.

51. Coval, Joshua D., and Tyler Shumway. 2001, "Expected Option Returns." The Journal of Finance, 56 (3), pp. 983 – 1009.

52. Cutler, David M., James M. Poterba, and Lawrence H. Summers. 1989, "What Moves Stock Prices?" Bernstein, Peter L. and Frank L. Fabozzi, pp. 56 – 63.

53. Daniel, Kent, David Hirshleifer, and Avanidhar Subrahmanyam. 1998, "Investor Psychology and Security Market Under-and Overreactions." The Journal of Finance, 53 (6), pp. 1839 – 1885.

54. De Long, J. Bradford, Andrei Shleifer, Lawrence H. Summers, and Robert J. Waldmann. 1990, "Noise Trader Risk in Financial Markets." The Journal of Political Economy, 98 (4), pp. 703 – 738.

55. DellaVigna, Stefano, and Joshua M. Pollet. 2007, "Demographics and Industry Returns." The American Economic Review, 97 (5), pp. 1667 – 1702.

56. Dougal, Casey, Joseph Engelberg, Diego García, and Christopher A. Parsons. 2012, "Journalists and the Stock Market." Review of

Financial Studies, 25 (3), pp. 639 – 679.

57. Durante, R., & Knight, B. 2012. "Partisan Control, Media Bias, and Viewer Responses: Evidence from Berlusconi's Italy." Journal of the European Economic Association, 10 (3), pp. 451 – 481.

58. Dyck, Alexander, and Luigi Zingales. 2003, "The Media and Asset Prices." Unpublished http://www.nber.org/~confer/2003/si2003/papers/cf/dyck.pdf.

59. Engelberg, Joseph E., and Christopher A. Parsons. 2011, "The Causal Impact of Media in Financial Markets." The Journal of Finance, 66 (1), pp. 67 – 97.

60. Fair, Ray C. 2002, "Events that Shook the Market." Journal of Business, 75, pp. 713 – 732.

61. Fama, E. F., & MacBeth, J. D. 1973. "Risk, Return, and Equilibrium: Empirical Tests." The Journal of Political Economy, pp. 607 – 636.

62. Fama, E. F., & French, K. R. 1993. "Common Risk Factors in the Returns on Stocks and Bonds." Journal of Financial Economics, 33 (1): 3 – 56.

63. Fama, E. F., & French, K. R. 1992. "The Cross – Section of Expected Stock Returns." the Journal of Finance, 47 (2): 427 – 465.

64. Fang, Lily, and Joel Peress. 2009, "Media Coverage and the Cross – Section of Stock Returns." The Journal of Finance, 64 (5), pp. 2023 – 2052.

65. Fang, Lily, Joel Peress, and Lu Zheng. 2009, "Does Your Fund Manager Trade on the News? Media Coverage, Mutual Fund Trading and Performance." Media Coverage, Mutual Fund Trading and Performance (March 18, 2009).

66. Fehle, Frank, Sergey Tsyplakov, and Vladimir Zdorovtsov. 2005, "Can Companies Influence Investor Behaviour through Advertising? Super

Bowl Commercials and Stock Returns." European Financial Management, 11 (5), pp. 625 – 647.

67. Fisher, K. L., & Statman, M. 2000. "Cognitive Biases in Market Forecasts." The Journal of Portfolio Management, 27 (1), pp. 72 – 81.

68. Fiske, Susan T., and Shelley E. Taylor. 1991, Social Cognition [M]. Mcgraw – Hill Book Company.

69. Gaa, Charles. 2008, "Good News is no News: Asymmetric Inattention and the Neglected Firm Effect." Working paper, University of British Columbia.

70. Garcia, Diego. 2012, "Sentiment during Recessions." The Journal of Finance, Forthcoming.

71. Gentzkow, Matthew and Jesse. M. Shapiro, 2006, "Media Bias and Reputation." Journal of Political Economy, 114 (2), pp. 280 – 316.

72. Gervais, S., Kaniel, R., & Mingelgrin, D. H. 2001. "The High-volume Return Premium." The Journal of Finance, 56 (3), pp. 877 – 919.

73. Griffin, John, Nicholas Hirschey, and Patrick Kelly. 2010, "How Important is the Financial Press in Global Markets." University of Texas at Austin Working Paper.

74. Grullon, Gustavo, George Kanatas, and James P. Weston. 2004, "Advertising, Breadth of Ownership, and Liquidity." Review of Financial Studies, 17 (2), pp. 439 – 461.

75. Gurun, Umit G., and Alexander W. Butler, 2012, "Don't Believe the Hype: Local Media Slant, Local Advertising, and Firm Value." The Journal of Finance, 67 (2), pp. 561 – 598.

76. Gurun, Umit. 2011, "Good News is Endogenous." Available at SSRN 1483246.

77. Hirshleifer, David, Sonya Lim, and Siew Hong Teoh. 2004, "Disclosure to an Audience with Limited Attention." Available at SSRN 604142.

78. Hirshleifer, David, and Siew Hong Teoh. 2003, "Limited Attention, Information Disclosure, and Financial Reporting." Journal of Accounting and Economics, 36 (1), pp. 337 – 386.

79. Hong, Harrison, and Jeremy C. Stein. 1999, "A Unified Theory of Underreaction, Momentum Trading, and Overreaction in Asset Markets." The Journal of Finance, 54 (6), pp. 2143 – 2184.

80. Huberman, Gur, and Tomer Regev. 2002, "Contagious Speculation and a Cure for Cancer: A Nonevent that Made Stock Prices Soar." The Journal of Finance, 56 (1), 387 – 396.

81. Jegadeesh, Narasimhan, and Sheridan Titman, 1993, "Returns to Buying Winners and Selling Losers: Implications for Stock Market Efficiency", Journal of Finance 48, 65 – 91.

82. Kahneman, Daniel. 1973, "Attention and Effort." Prentice – Hall, Englewood Cliffs.

83. Kaniel, Ron, Laura Starks, and Vasudha Vasudevan. 2005, "Headlines and Bottom Lines: Attention and Learning Effects from Media Coverage of Mutual Funds." Available at SSRN 687103.

84. Klibanoff, Peter, Owen Lamont, and Thierry A. Wizman. 1998, "Investor Reaction to Salient News in Closed-end Country Funds." The Journal of Finance, 53 (2), pp. 673 – 699.

85. Kothari, S. P., Li, X., & Short, J. E. 2009. "The Effect of Disclosures by Management, Analysts, and Business Press on Cost of Capital, Return Volatility, and Analyst Forecasts: A Study Using Content Analysis". The Accounting Review, 84 (5), pp. 1639 – 1670.

86. Larkin, Fiacc, and Conor Ryan. 2008, "Good News: Using News Feeds with Genetic Programming to Predict Stock Prices." Genetic

Programming, pp. 49 – 60.

87. Loughran, Tim, and Bill McDonald. 2011, "When is a Liability not a Liability? Textual Analysis, Dictionaries, and 10 – Ks." The Journal of Finance, 66 (1), pp. 35 – 65.

88. Merton, Robert C. 1987, "A Simple Model of Capital Market Equilibrium with Incomplete Information." The Journal of Finance, 42 (3), pp. 483 – 510.

89. Miller, Edward M. 1977, "Risk, Uncertainty, and Divergence of Opinion." Journal of Finance, pp. 1151 – 1168.

90. Mitchell, Mark L., and J. Harold Mulherin. 1994, "The Impact of Public Information on the Stock Market." The Journal of Finance, 49 (3), pp. 923 – 950.

91. Morris, S., & Shin, H. S. 2002. "Social Value of Public Information." The American Economic Review, 92 (5), pp. 1521 – 1534.

92. Moss, Andrelyn C. 2004, "A Content Analysis Study of Objectivity of Business Reports Relating to the Internet Stock Bubble on American News Networks by News Journalists, Company Officials and Financial Analysts." PhD diss., Capella University.

93. Mullainathan, Sendhil. and Andrei Shleifer, 2005, "The Market for News." American Economic Review 95 (4), pp. 1031 – 1053.

94. Niederhoffer, V. 1971. "The Analysis of World Events and Stock Prices." Journal of Business, pp. 193 – 219.

95. Odean, Terrance. 1999, "Do Investors Trade Too Much." The American Economic Review, 89 (5), pp. 1279 – 1298.

96. Ozik, Gideon and Ronnie Sadka. 2010, "Does Recognition Explain the Media-coverage Discount? Contrary Evidence from Hedge Funds." Contrary Evidence from Hedge Funds (March 5, 2010).

97. Pagan, A. R., & Sossounov, K. A. 2003. "A Simple Framework for Analysing Bull and Bear Markets." Journal of Applied Econo-

metrics, 18 (1), pp. 23 –46.

98. Peng, Lin, and Wei Xiong. 2006, "Investor Attention, Overconfidence and Category Learning." Journal of Financial Economics, 80 (3), pp. 563 –602.

99. Reuter, Jonathan and Eric. Zitzewitz, 2006, "Do Ads Influence Editors? Advertising and Bias in the Financial Media." Quarterly Journal of Economics, 121 (1), pp. 197 –227.

100. Rosa, S. R., and Robert B. Durand. 2008, "The Role of Salience in Portfolio Formation." Pacific – Basin Finance Journal, 16 (1), pp. 78 –94.

101. Seasholes, M. S., & Wu, G. 2007. "Predictable Behavior, Profits, and Attention." Journal of Empirical Finance, 14 (5), pp. 590 –610.

102. Shiller, R. J., 1981, "Do Stock Prices Move Too Much to be Justified by Subsequent Changes in Dividends?" The American Economic Review, 71, PP. 421 –436.

103. Shleifer, A., & Vishny, R. W. 1997. "The Limits of Arbitrage." The Journal of Finance, 52 (1), pp. 35 –55.

104. Shoemaker, Pamela J., and Stephen D. Reese. 1996, "Mediating the Message." White Plains, NY: Longman.

105. Stephen, X., and A. Ferdinand. 2011, "Chinese Media Coverage, Divergence of Opinion, and Stock market Outcomes." http://www.efmaefm.org

106. Tetlock, Paul C. 2011, "All the News that's Fit to Reprint: Do Investors React to Stale Information." Review of Financial Studies, 24 (5), pp. 1481 –1512.

107. Tetlock, Paul C. 2007, "Giving Content to Investor Sentiment: The Role of Media in the Stock Market." The Journal of Finance, 62 (3), pp. 1139 –1168.

108. Tetlock, Paul C., Maytal Saar Tsechansky, and Sofus Macskassy. 2008, "More Than Words: Quantifying Language to Measure Firms' Fundamentals." The Journal of Finance, 63 (3), pp. 1437 - 1467.

109. Tetlock, Paul C. 2010, "Does Public Financial News Resolve Asymmetric Information." Review of Financial Studies, 23 (9), pp. 3520 - 3557.

110. Vega, Clara. 2006, "Stock Price Reaction to Public and Private Information." Journal of Financial Economics, 82 (1), pp. 103 - 133.

111. Veldkamp, Laura L, 2006, "Media Frenzies in Markets for Financial Information." The American Economic Review, pp. 577 - 601.

112. Yuan, Yu. 2011, "Attention and Trading." Available at SSRN 1105532.